우리는 무엇으로 먹고 사는가?

부국을 위한 기업만들기

| 목차

- 1부 - | 우리는 무엇으로 먹고 사는가
- 부국을 위한 기업만들기

1. 자동차 공장의 기적 ····································· 10
   인간의 무한욕망 ··· 16
   GDP - 경제적 욕망의 계량화 ························· 18
   현명한 경제시스템 - 인간욕망을 경제성장의 원동력으로 ······· 19
   경제순환모형 - 가계와 기업은 한 몸 ··············· 21
2. 외국기업유치 ··· 24
   아일랜드의 역사와 아픔 ······························ 29
   기업환경 ·· 31
   기업=초부자인가? ······································ 32
   법인세인하 효과 ·· 42
   외국기업의 천국=부자나라 ··························· 45
   중국 - G2로의 성장배경은 등소평의 외국기업유치 ········· 51
   "법인세인하=초부자감세"로 이해하는 나라의 미래 ········ 54
   필자가 만난 외국정치 지도자 ······················· 58
   내국법인마저 해외로 내쫓는 한국 ················· 61
3. 해결방안 ·· 63
   "소득불평등", "빈곤" ·································· 65
   "부익부 빈익빈"? ······································· 67
   정치적 해법 ·· 69

재벌개혁과 지주회사	75
경제민주화	79
4. 시스템디톡스	83
우리나라 기업의 평균수명	94
생산의 4대요소	97
국가의 역할	99
재벌·대기업·중소기업	101
5. 경영 안정화의 중요성	104
상속·증여세에 대한 재고 - 형평성의 관점 / 해외로의 자본유출	106
차등의결권제도의 기능과 현실	108
공익법인제도의 기능과 현실	109
중소기업정책의 재고(再考)	111
우리 기업의 대외의존도	113
비교규제 comparative regulation	115
6. 소유와 경영의 상관관계	117
기업경영재산의 국가적 보호시스템	120
주가 변동과 상속세, 양도소득세의 관계	122
코리아디스카운트와 상속세	125
기업경영 의결권주식에 대한 상속세 대신 주식양도세 과세	129

- 2부 - | 풍요의길, 빈곤의길
- 우리는 대형사기를 치고 있다.

1. 우리의 현실 ·· 135
   근로자 평균임금 ·· 137
   빈곤율 / 자살율 ·· 139
   실업률 ·· 140
   취업시장의 불공정 ··· 142
   빈사상태의 사회보장시스템 ·· 144
   기본소득 논쟁 - 헛간경제 ··· 146
   국가채무 ·· 149
   가계부채 문제 ··· 153
   미래세대에 부담지우는 대형사기 ··································· 156

2. 그러면 지금부터 이제 어떻게 인식을 전환해야 될 것인가? ······ 159
   비교규제 ·· 168
   조세정책의 재점검 ··· 170
   Entrepreneurship의 고양 ··· 172
   중견ㆍ중소기업의 마케팅 활성화 ··································· 175

3. 몇 가지 전략 ··· 176
   중소기업정책의 파괴적 혁신 ·· 176
   스타벅스 커피전략 / 농산무역 전략 ······························· 177
   New Biz Model과 Old Biz의 이해충돌 : Biz-Grafting(비즈니스접합) ··· 178

4. 가장 중요한 국가성장전략 ··· 179
   외국기업 적극적 유치 전략 ·· 179
   외국기업 유치로 부국 실현 ·· 180
   고용효과와 연계된 Incentives ·· 181

| 출판서문

-제1부- 우리는 무엇으로 먹고 사는가

  이 책은 2022. 11. 15. 차세대미래전략연구원 주최 세미나에서 발표한 내용과 그 후 정부의 법인세인하법안에 관하여 "초부자감세"라면서 법인세인하를 극력 반대하는 야당의 주장을 검토하는 내용을 보완하여 하나의 소책자로 만든 것입니다.

  문재인 정부의 국민연금, 건강보험 등 사회보장시스템 개혁의 방치로 인한 사회적 안전망의 붕괴위험, 반기업정서의 활성화로 인한 일자리 창출정책 실패, 코로나 팬데믹과 이로 인한 과도한 재정지출, 무분별한 재정지출과 자산가격폭등에 대한 어설픈 대책의 남발로 우리의 경제시스템은 이른바 대사적 활성화를 보이는 면이 적지 않을 것입니다. 대표적인 징후가 한 해 30조원 이상 규모의 우리 기업의 해외순유출입니다. 여기에 저출산의 문제도 전혀 해결하지 못한 5년이었습니다. 이런 문제들이 해결되지 못하면 우리의 미래는 암담할 것입니다.

  이러한 문제들에 관하여 30분 정도에 이해할 수 있는 내용을 담고자 노력하였습니다.

  이 조그만 책자가 우리 사회를 한 번쯤 돌아보게 하는 계기가 되었으면 좋겠습니다.

-제2부- 풍요의 길, 빈곤의 길

　제2부에 실은 위 내용은 대선을 앞 둔 시점인 2021. 11. 24 오래포럼의 초청으로 필자가 발표한 내용을 담았습니다. 당시는 "기본소득"이 한창 언론에 등장하던 시기입니다. 이른바 기본시리즈는 여전히 진행형 이슈입니다. 이 책에서는 우리 경제의 현실을 조망하고, 나아갈 방향을 같이 논의하기 위한 목적으로 발표하였던 내용을 토대로 정리하였습니다.

　한 두 마디 말로 세상을 바꿀 수는 없지만, 생각을 바꾸면 세상이 바뀝니다. 이 책이 생각을 바꾸는 데 기여하였으면 하는 바램입니다.

2023. 1. 30.

풍요로운 사회를 기원하면서.
최선집

- 1부 -

우리는 무엇으로 먹고 사는가?

부국을 위한 기업만들기

"우리는 무엇으로 먹고 사는가?"
- 부국을 위한 기업만들기

   제목은 소박하지만, 그 의미하는 바는 엄청납니다. 우리의 생존의 문제와 관련된 이야기이기 때문입니다.

   은유적이기는 하지만, 우리는 "기업"으로 먹고 삽니다. 기업이 산출해 내는 이른바 소득을 가지고 살아가는 것입니다. 그것이 일자리라는 모습이 될 수도 있고 그것이 최종 산출물인 재화나 서비스일 수도 있습니다. 그리고, 그 기업이라는 것은 다시 우리가 만들어 가는 것입니다. 이것이 이 책 내용의 알파이자 오메가입니다.

1. 자동차 공장의 기적

 필자는 2000년 초부터 10여년 이상을 일년에도 서너 번 이상을 다녀 온 지역이 있습니다. 미국의 앨라배마라는 남부지역입니다. "..멀고먼 알라바마…" 라는 귀에 익은 멜로디가 생각나는 그런 지역입니다. 여러분은 어떤 생각이 떠오르시나요? "앵무새 죽이기" To Kill a Mockingbird[1] 라는 소설이 생각나시는 분도 계실 겁니다. 워낙 미국 현대소설로서 유명한 작품이니까요.

 한국에서 가자면 인천공항에서 미국 동부의 조지아주 애틀란타로 가는 비행기를 타고가서, 거기서 내려 다시 앨라배마의 몽고메리로 가는 소형비행기로 다시 가야 합니다. 몽고메리로 가는 비행기는 소형이라서 맨 뒷열 좌석에 앉기라도 하는 날이면, 그것도 뚱뚱한 미국 아주머니 옆 자리를 잡게 되면 팔걸이에 팔도 걸치기 힘들 정도로 좁은 좌석이 됩니다. 토네

---

[1] "앵무새 죽이기"To Kill a Mockingbird는 미국 작가 하퍼 리 Harper Lee 의 소설입니다. 그것은 1960 년에 출판되었고 출판되자 마자 성공을 거두었습니다. 미국에서는 고등학교와 중학교에서 널리 읽혀지는 소설입니다. 이 책은 현대 미국 문학의 고전이 되었고, 퓰리처상을 수상했습니다. 줄거리와 캐릭터는 Lee가 가족, 이웃, 그리고 그녀가 열 살이었을 때인 1936년 그녀의 고향인 앨라배마주 먼로빌 근처에서 발생한 사건에 대한 관찰을 기반으로 합니다.

이도나 허리케인으로 공항에서 비행기에 탑승한 채로 한 두 시간씩 기다리게 되면, 그야말로 죽을 정도로 답답합니다.

제가 처음 본 몽고메리 시가지는 낮에도 인적이 드문 지역입니다. 멋진 공공 청사 몇 개를 제외하고 나면 번듯한 건물은 없고 그냥 드넓은 평원이 펼쳐지는 지역입니다.

아마도 2000년경이 제가 처음 그 곳에 간 시기가 아닌가 싶습니다만, 참으로 조용한 지역이었습니다. 대낮에도 사람구경을 하기 힘들 정도의 지방입니다.

현대자동차가 국내의 경직된 노동문제도 해결하고 당시로서는 세계 최대의 자동차 시장인 미국에서 수입자동차에 대한 관세가 높아지는 추세이어서 불가피하게 해외공장 진출을 고민하게 되었고, 공장입지 선정을 위한 미국내 주정부의 인센티브를 놓고 고민에 고민을 거듭하여 "멀고먼 앨라배마"로 발을 들여놓게 된 것입니다. 물론 이렇게 현대자동차를 유치하기 위하여 앨라배마 주 정부의 담대한 인센티브 제공은 우리나라 같으면 생각도 못할 일입니다. 그 내용은 비밀유지계약에 의하여 공개하지 않도록 되어 있어 자세히 말씀드릴 수는 없지만, 상상을 초월하는 것이었다고 말 할 수 있습니다. 우리나라에서는 외국기업을 위하여 이렇게 까지 혜택을 주었다고 들은 바도 없지만 앞으로도 절대로 없을 겁니다. 그렇게 절박하게 생각하지도 않을 테니까 말이지요.

그러나 앨라배마 주 정부가 어리석어서 그렇게 까지 퍼 주었다고 생각하시지는 마세요.

그들은 나름대로의 "철저한 계산"이 있습니다. 그 "계산"이 어긋나면 들어간 자금에 이자를 붙여 받아 내기로 되어 있습니다. 즉 공장준공과 더불어 몇 명을 고용하여야 하는지 그리고 점차 시간이 지나면서 그 인원은 더 늘어나게 되어 있는 것입니다. 즉, 인센티브 제공과 더불어 고용의무가 서로 대가관계로 이어지는 것입니다. 토지제공, 부지조성, 법인세 감면, 공장시설 자금지원, 전기 수도 무상 혹은 저가 공급….

이렇게 절박한 주 정부가, 이렇게 많은 인센티브(:혜택)를 주겠다고 하는 데 누구인 들 그 곳에 공장을 짓겠다고 하지 않겠나요?

그 후 이 앨라배마는 어떻게 변하였을까요?

〈S1〉에서 보는 바와 같이 지금은 번듯한 공장이 들어섰습니다.

공사는 2002년에 착공돼 왔지요. 그리고 그 후 3년 후인 2005년에 완공되었습니다.

HMMA 2002년 착공. 2005년 완공

⟨S1. 현대자동차 미국 앨라배마 공장 전경. 출처 = 현대자동차 미국법인(HMMA) 공식 홈페이지 캡처⟩

이렇게 3년동안 공사가 진행되어 공장이 완공 되었다는 것은 무엇을 의미할까요?

경제적 효과 라는 측면에서 미국에서 발표된 자료를 살펴보면 답을 알 수 있습니다. ⟨S2⟩에서 보는 바와 같이 1570억달러에서 1612억달러로 주정부의 실질 GDP 가 상승하게 됩

⟨S2⟩
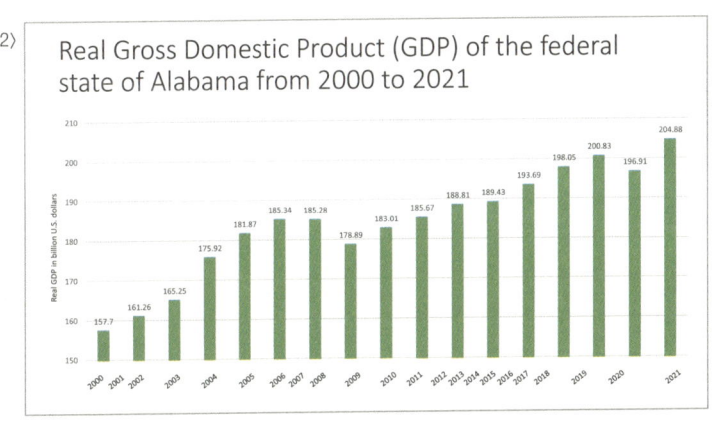

1. 자동차 공장의 기적 / 13 /

니다. 이 같은 상승 기조는 공장완공 연도인 2005년도에는 1818억달러로 자리잡게 되고 그 이후도 상승 기조를 이어갑니다. 주 정부의 살림살이가 좋아졌다는 이야기는 앨라배마 주민 일인당 GDP도 상승했다는 것을 의미하겠지요. 〈S3〉에서 보는 바와 같이 3만 5천 1백달러 수준이었던 전 년도에 비하여 공장착공 다음연도인 2002년에는 3만5천9백달러 이상으로 오르게 됩니다. 그리고 공장 완공 연도인 2005년에는 일인당 GDP가 3만9천6백달러로 급상승 하였습니다. 불과 3년만에 1인당 GDP가 3천달러 이상 증가한 셈입니다. 아래에 나오겠습니다만, 우리나라가 3천달러 정도 상승하는데 걸린 시간을 고려하면 대단한 성장이라고 할 수 있습니다.

이는 바로 앨라배마에 건설된 년 생산 30만대 정도의 자동차 공장이 가져온 경제적 효과, 즉 부의 창출 효과입니다. 이러한 효과는 너무나 당연하겠지요?

〈S3〉
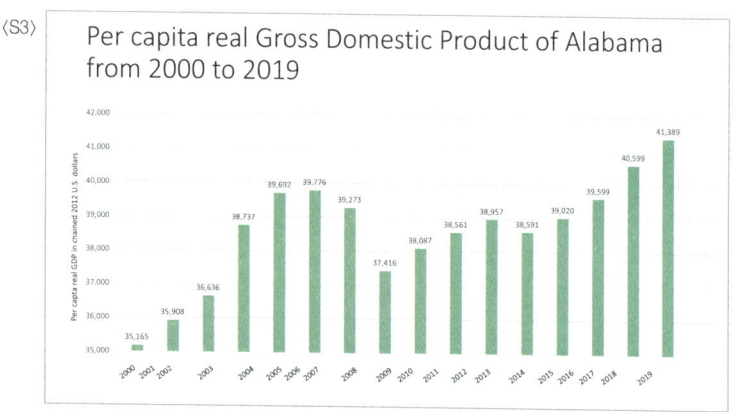

처음 공장이 착공되면, 공사가 시작되니 건설회사들이 들어와서 인프라공사를 시작합니다. 공장부지와 주변을 연결하는 도로를 건설하고, 수도시설을 하고, 전기를 끌어 들이는 전선 부설공사를 하는 등 인프라 정비작업이 시작됩니다. 다음으로 공장자체와 관련된 공사로 부지를 조성하는 각종 장비와 인부들이 들어오게 되고, 건물을 짓는 건축 관련 종사자들이 들어오게 되고, 설비를 놓는 인부들이 들어오게 되고, 공사를 감독하는 회사도 있을 테고, 이들이 머무를 숙박시설도 필요하고 이들에게 음식을 제공한 식당도 필요하고, 세탁소도 필요하고, 인부들을 알선해 주는 서비스업도 필요하게 되고 등등 말입니다. 이처럼 공사가 시작되면서 많은 인력들이 모여 들게 됩니다. 한적한 시골동네가 활기를 띠게 되는 것입니다. 물론 전에는 없던 현대자동차 앨라배마 공장의 임시 사무실이라는 공간도 마련되어 여기에서 일하는 한국 주재원과 미국에서 고용된 회사원들이 모이게 되니 이들이 필요로 하는 경제활동도 새로 생긴 것은 말할 나위가 없습니다.

한적하던 시골동네가 시끌벅적한 도시로 탈바꿈한 것은 한국에 현대자동차가 앨라배마에 공장을 지었기 때문입니다 그 효과는 지금도 앨라배마 주의 부흥의 상징으로 나타나고 있습니다. 간단히 말하면 앨라배마는 현대자동차로 먹고 산다고 할 수 있습니다.

인간의 무한욕망

앨라배마는 위에서 보는 바와, 같이 자동차 공장 건설이 시작된 이후 3년 남짓한 준공기간 까지 무려 1인당 GDP 가 약 3000 달러 이상 증가하게 됩니다.

이 3000 달러라는 경제적 수준은 어느 정도의 소득일까요? 우리나라의 1955년 1인당 GDP 가 64 달러였습니다. 우리나라가 처음으로 3천달러 가까이 간 연도는 1986년도 2,834달러입니다. 참으로 적지 않은 성과입니다. 이러한 결과를 얻기 위하여 앨라바마 주정부는 이 현대 자동차를 유치하기 위하여 주정부가 정부채를 발행하기까지 하였습니다. 우리로 치면 국채 발행을 한 셈이지요.

그 후 이야기이기는 합니다만, 유럽에서 기아자동차 공장을 유치하기 위하여 슬로바키아 정부는 국채를 발행하였습니다. 그리고 그 이후 연도에 너무 많은 인센티브를 주었다고 야당이 공격하여 당시 총리는 사직하기까지 하였습니다만, 그래도 그 때 결정을 잘한 덕분에 슬로바키아의 경제적 성장의 토대가 마련되었습니다.

우리 인간은 본능적으로 몇 가지 욕망을 가지고 태어났습니다. 그 중 하나가 바로 풍요로움에 대한 욕망입니다. 그 욕망 자체가 인간임을 상징하는 것이기도 합니다.

경제를 제외한 다른 부문은 성장이라는 표현을 사용하지 않습니다. 교육성장, 문화성장 등의 표현이 없지요? 이들은 그냥 발전이라는 표현을 사용할 뿐입니다. 오직 경제부문만을 경제성장이라고 표현합니다. 한걸음 더 나아가, 어느 정도 성장했는지를 양적으로 계량하기 까지에 이르렀습니다.

전년도에 비하여 몇 퍼센트 성장하였는지를 이제는 알 수 있게 되었습니다. 비록 우리가 전년에 비하여 신장이 몇 퍼센트 자랐는지를 계산하지는 않지만 말입니다. 물론 GDP라는 개념에는 환경오염이나 well-being과 행복을 나타내는 것들은 반영되지는 않지만, 그나마도 풍요로움을 나타내는 지표로 여전히 유용하게 사용하고 있습니다.

GDP
- 경제적 욕망의 계량화

 이 같은 GDP 개념은 1930년대 미국의 대공황이후 사이몬 쿠즈넷(Simon Kuznet)에 의하여 구체적인 숫자로 계량화가 이루어지게 되었습니다. 당시 미국으로서는 가장 어려운 시기였고 GDP 개념을 만들어낸 위 쿠즈넷은 러시아로부터 미국으로 이민 온 사람이었습니다. 아이러니컬 하지요? 창안된 시기도 경제적으로 가장 어려울 때이고, 창안자도 자본주의와는 다소 거리가 있는 러시아 이민자라는 사실이 말입니다. 하여튼 쿠즈넷은 이 일로 그 후 노벨경제학상을 받게 됩니다. 또 그는 자본주의가 처음에는 부의 불균형을 가져오지만 점차 경제적 기회가 확대되어 부의 불평등이 시정된다고 주장하는 학자로도 알려져 있습니다.

현명한 경제시스템
- 인간욕망을 경제성장의 원동력으로

 이러한 인간의 끝없는 욕망은 구체적으로 어떻게 나타날까요? 가장 원초적으로는 굶은 사람이 장래를 대비하려는 욕망부터, 좀 더 나아가서 부유한 사람이 자기를 과시하기 위한 현시(顯示)적 소비 욕망, 심지어는 다른 사람을 모방하고 싶어서, 다른 사람을 선망(羨望)하여, 심지어 질투에 기인한 욕망도 있습니다. 즉 다른 사람이 가지고 싶어 하는 것을 자신도 가지고자 하는 욕망이지요. 그래서 "'타인의 욕망'을 욕망한다"[2]는 표현까지 있습니다.

 이러한 인간의 무한욕망을 현명하게 활용하는 것이 사회의 전체로서는 필요합니다. 그래서 좋은 경제시스템이란 바로 인간 욕망을 최대한 공공선을 위하여 작동하도록 하는 것입니다. 경제 시스템은 경제정책으로 구현되는 것이므로 경제정책이 성공하려면 결국 이러한 인간의 욕망을 경제'성장'의 원동력으로 활용하는 것이어야 합니다.

---

2) 小野塚 知二, 經濟史, 有斐閣, P.29

이러한 "욕망이 없는 사회"에서는 사실 이용할 것도 없습니다. 능력에 따라 일하고 필요에 따라 분배받는데 누가 힘들여 고군분투하면서 열심히 일하겠습니까?

　　과거 구 동독이 서독과 통합되기 바로 직전에 국영기업의 구조조정을 대대적으로 하여 세계 최대 기업이 일시적으로 탄생한 적이 있습니다. 그래서 그 와중에 새로이 직업을 알선받지 못한 사람들에게 서독식으로 구직신청을 하라고 하였더니 그 요구에 응한 사람이 많지 않았습니다. 그 단순한 신청절차도 모두가 정부에서 알아서 일자리를 찾아 준다는 생각에서 응하지 않았다고 합니다. 굳이 자신이 애써 직장을 구할 필요가 없기 때문입니다. 설령 그렇게 한다고 하더라도 달라 질게 없기 때문이지요.

　　철학자 니체는, 경쟁심 혹은 호승심(; 好勝心;경쟁에서 이기겠다고 하는 심리)도 이를 모두 죽인 사회보다는 낫다고 하고 있습니다. 월드컵이나 올림픽 운동경기에서 보듯이 최선을 다하는 모습이 얼마나 보기 좋습니까? 그리고 선천적으로 재능이나 환경이 뒷받침 되지 않는 사람들을 위하여 사회안전망을 잘 구축하면 더 나은 사회가 되지 않겠느냐라는 것이 현대국가의 바람직한 방향입니다. 경쟁환경이 조성되고, 개인의 창의성이 제대로 발휘되어야 많은 국민이 기업활동 참여자로서 소득을 얻는 한편 소비자로서도 좋은 제품으로 인한 혜택을 받게됩니다. 스마트 폰 시대를 열어 준 스티브 잡스가 좋은 예가 될 수 있습니다.

경제순환모형
- 가계와 기업은 한 몸

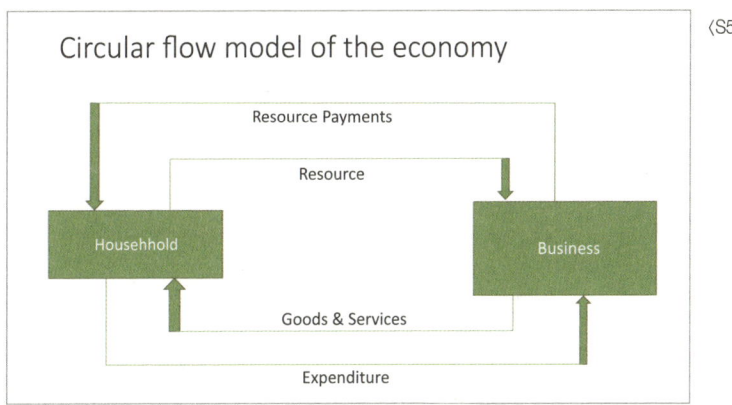
⟨S5⟩

⟨S5⟩는 경제가 어떻게 순환하는지를 보여주는 모형입니다. 거시경제에는 가계부문과 기업부문 이외에 정부부문과 해외부문이 있지만, 정부부문과 해외 부문 역시 가계와 기업의 활동으로 이루어지는 것이므로 단순화하여 가계부문과 기업부문만으로 단순화할 수 있습니다.

모형에서 실질 GDP는 기업 부문에서 생산한 재화와 서비스의 총량을 말합니다. 이 실질 GDP 는 가계부문이 재화와 서비스(혹은 용역)를 구매하기 위하여 지출한 비용의 총량과도 일치합니다. 또한 이 실질 GDP는 기업부문의 생산할 활동을 하기 위하여 구입한 생산요소의 총 비용과도 일치합니다. S6에서 나타내는 의미는 이와 같은 것입니다.

⟨S6⟩

Circular flow model of the economy

expenditures=dollar value of production
goods and services = Real Gross Domestic Product
resource payments = value of factors

Value of production= gross domestic product = total factor income

⟨S5⟩모형으로 다시 돌아가 봅시다. 가계(家計)와 기업은 서로 주고받는 관계에 있습니다. 가계에서 재화나 서비스를 구입하기 위한 지출이 기업의 수입이 되고 다시 이 돈이 기업이 생산을 하기 위한 비용지출로 연결되고, 이것이 가계의 소득이 되는 것입니다. 가계는 이 소득으로 기업이 생산한 재화나 서비스를 구매하는 것이지요. 이처럼 양자는 상호 의존적입니다. 즉, 가계가 없으면 기업이 있을 수 없고 기업이 없으면 가계 또한 유지되기 힘듭니다. 기업이 없는 원시시대라면, 즉, 모두가 자기손으로 자기의 의식주를 해결하던 원시시대, 각자 동물을 잡으러 나가고, 나뭇잎을 떼어 몸에 걸칠 무언가를 만

들고, 등등 말입니다, 이러한 원시시대로 돌아간다면 기업이 있을 필요가 없겠지요?. 그러나 우리가 그런 시대로 돌아 갈 수는 없는 일 아닙니까? 설령 우리가 그런 원시 시대로 돌아간다면 발달된 산업을 가진 어느 나라의 식민지로 다시 들어가게 되겠지요.

그래서, 기업과 가계는 신체로 말한다면, 한 몸과 같습니다. 손과 발일 수도 있을 터이고, 뇌와 신체의 장기일 수도 있을 겁니다. 하나가 없으면 다른 하나는 의미가 별로 없습니다. 손과 발 모두가 신체이듯이 장기와 뇌가 모두 한 몸이듯이 모두가 하나의 경제입니다. 한 몸과 같은 관계에 있습니다. 발이 손이 하는 일을 비난하고, 손이 발이 하는 일에 불만을 제기하여 제대로 돌아가게 하지 못한다면 손이나 발이 망하는 게 아니라 몸 전체가 망가져서 손과 팔이 모두가 존재하지 않게 됩니다.

2. 외국기업유치

위 경제순환모형에서 보는 바와 같이 가계가 곧 기업이고 기업이 곧 가계입니다. 손과 발이 몸인 것처럼 말입니다. 가계 구성원인 개인이 잘 살자면 기업이 있어야 하는 것입니다. 그래서 위 앨라배마는 물론이고 많은 나라에서 기업을 애타게 찾고 있는 것입니다. 스스로 기업을 일구지 못하면 외국에서라도 기업을 모셔와야 하는 것입니다. 우리가 사우디 국왕을 환대하는 이유는 그 나라에서 우리 기업진출 활로를 찾기 위하는 것이고 미국 대통령이 한국 기업들을 환대하는 것도 다 이런 배경 때문입니다.

외국기업이 유치되면 일자리가 생깁니다. 이러한 일자리 창출은 도시화를 가져오고, 가계구성원인 개인에게는 소득증가를 향유케 합니다. 이로 인하여 국가 전체로서는 경제성장이 가능해지고, 그 사회도 종전에 없던 기술이전을 받는 효과가 생깁니다.

〈S7〉에서 보는 바와 같이 선진국에서는 산업 혁명 이후인 1800년대 중반부터 도시화율이 급격히 상승하기 시작합니다.

외자기업유치

- 일자리 창출; 도시화 추동. 소득증가. 경제성장
- 기술이전

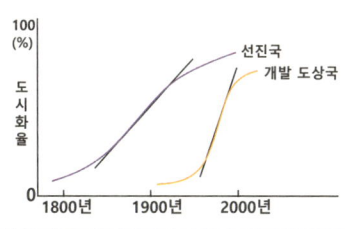

 그러나 개발도상국도 1900년대 후반 이후로 급격한 도시화를 경험하고 있습니다. 이 같은 도시화율이 가리키는 바는 기업들이 많이 생겨나 일자리가 생겨 경제가 성장하고 있다는 것을 나타냅니다. 쉽게 말하면, 일자리가 많이 생겨 도시가 형성된다는 것입니다. 순서를 좀 바꾸면 도시로 가야 일자리가 있다는 것입니다. 아무튼 제대로 된 도시화가 성장의 지표가 되는 셈입니다.

 조금 옆으로 새는 이야기이긴 합니다만, 도시와 관련된 이야기를 부연하면, 도시가 성장기에는 도심으로 인구 집중이 일어나고, 그것이 정점에 이르게 되면, 주변으로 인구분산이 이루어지고, 도심인구 성장률이 감소하게 됩니다. 그리하여 주변부 인구증가가 도심의 인구감소를 초과하게 되고, 필연적으로 전체 도시인구는 감소하게 됩니다. 이때가 도시재생이 필요한 시점입니다. 이러한 도심재생이 성공하게 되면 도심인구의 재유입을 촉발시켜 그 도시가 다시 활력을 띠게 됩니다. 그러나 도심재생이 실패하여 반도시화가 지속되는 경우도 있습니다. 그렇게 되면 이른바 도시의 피폐화가 나타나게 됩니다. 도심으로의 인구집중의 최대요인은 일자리입니다. 그것이 제조업이든 서비스업이든 말입니다. 그러나 그러한 기업들이 없어지면, 도시는 쇠락의 길로 들어설 수 밖에 없습니다. 이를 도표로 표현한 것이 아래의 "도시화와 경제발전"이라는 그림입니다.

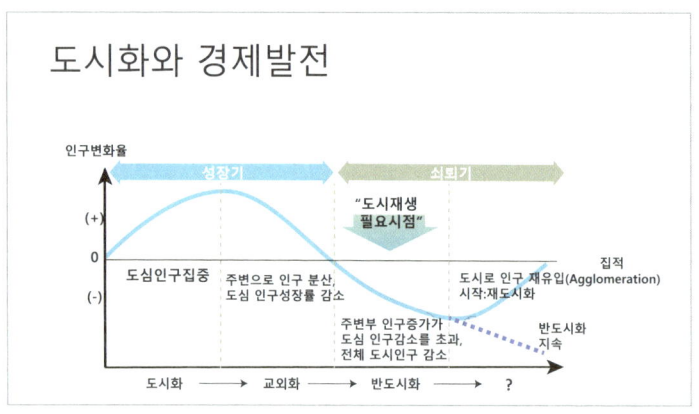

제가 도시화와 경제성장의 이야기를 끄집어 낸 까닭은 잘 형성된 도시화의 이점을 살리지 못한 채, 지역균형발전이라는 이름으로 많은 금융기관(국민연금을 포함하여)들의 지방이전을 추진하는 정책에 대하여 다시 생각해보자는 의미입니다. 금융허브로 불리는 싱가폴이나 홍콩이나 뉴욕이나 동경이나 금융기관의 밀집은 피할 수 없는 세계적인 현상이며 이는

필요에 따라 생겨난 것입니다. 지역균형발전을 염두에 둔다면 전국으로 뿔뿔이 흩어 놓는 산개(散開)가 아니라 차선책으로 어느 한 지역에 집중시켜 도시화의 이점이 생겨 나도록 하여야 한다는 취지입니다. 공간적 제약이, 급격히 빠르게 움직이는 시대에는 큰 제약이 됨은 말할 나위도 없습니다.

아무튼 기업이 멈추면 도시도 성장을 멈춥니다. 아니 거기서 그치지 않고 도시의 피폐화가 일어납니다. 즉 "기업STOP=도시폐허"가 됩니다. 이것이 전국적으로 확대되면 어떨까요? "기업STOP=국가쇠락(衰落)"입니다. 〈S8〉에 미국의 자동차 공장이 있던 미국 디트로이트 도심의 피폐해진 모습이 잘 나타나 있습니다. 디트로이트에 국한된 문제만은 아닙니다. 피츠버그 이야기는 더 생생합니다.

〈S8〉

기업 STOP = 도시의 피폐화

피츠버그는 미국 동부 펜실베니아 주에 가장 서쪽에 위치한 도시입니다. 미국이 1900년대 제조업으로 먹고 살던 시절엔 뉴욕, 시키고와 함께 미국 삼대 도시 중 하나였습니다.

1970년대 후반부터 미국 산업 전반의 구조 변화가 일어나면서 피츠버그도 큰 위기를 겪게 됩니다. 미국 전역에서 제조업이 침체되고 철강이나 석탄 등의 원자재 생산 공장들이 문을 닫으면서 실업자가 폭증하기 시작했습니다. 피츠버그에서는 사람들의 먹고 사는 일들이 팍팍해지면서 계층 및 인종간 갈등이 기승을 부렸습니다. 이러한 현상은 단지 철강 산업의 메카였던 피츠버그만의 문제는 아니었습니다. 자동차 산업의 허브였던 미시간주의 디트로이트를 비롯해서 위스콘신, 일리노이, 인디애나, 미주리, 오하이오, 웨스트 버지니아, 펜실베이니아 업 스테이트 뉴욕으로 이어지는 블루칼라 대도시들이 힘차게 돌아가던 컨베어벨트를 멈추고, 시뻘겋게 녹슨 공장지대로 변하였습니다. 이것이 바로 이른바 러스트 벨트 Rust Belt 라고 불리는 지역입니다. 이런 지역들은 차츰 새로운 활로를 찾아 가는 지역이 있기는 하지만, 여전히 수 십년 째 경제적 위기로 고생을 하고 있습니다.[3] 기업의 중요성을 실감케 하는 역사입니다.

---

3) 조병영, 리터러시를 경험하라, 샘 앤 파커스, p. 290

아일랜드의 역사와 아픔

여러분은 아일랜드라는 나라에 대하여 들어보신 적이 있을 겁니다. 아일랜드는 1801년에 영국에 의하여 합병되었습니다. 그 유명한 대기근이 일어나기 직전인 1840년대 후반의 아일랜드 인구는 800만 명이었습니다. 아일랜드 기후는 극히 불안정한데다 감자역병이 발생하고 영국 정부에서의 긴급구호마저 거절하면서 대재앙이 일어났습니다. 이 감자역병으로 100만 명 이상이 사망했습니다[4]. 대기근 원인은 1842년 미국 동부의 감사농장이 대규모 감자 역병으로 쑥대밭이 되었는데 이 역병이 다시 배를 통하여 유럽으로 전파되어 1845년 여름, 아일랜드지역에 유난히 비가 잦았던 탓에 감자역병이 돌게 되는 최적화 환경이 되었습니다.

이후 이 사건으로 아일랜드인은 미국, 캐나다, 뉴질랜드 오스트레일리아 등으로 이민길에 올랐습니다. 미국에만 백만명이 이민을 가 2010년 통계에 의하면 현재 아일랜드 미국인의

---

[4] The great famine - UK Parliamenthttps://www.parliament.uk › legislativescrutiny › overview. 영국의회자료에 의하면 당시 감자에 의존하여 살아가는 아일랜드 인구수는 전체 인구의 1/3 정도이었다고 한다.

수는 3,460여만명으로 미국건설에 아일랜드인의 역할이 대단하였음을 알 수 있습니다. 아일랜드는 대기근 이후 현재까지 대기근 이전의 인구수를 회복하지 못하고 있습니다. 대기근 직전 800만명 이었던 아일랜드 인구는 대기근 이후 사망과 이민으로 인한 인구 유출이 지속되다 보니 독립 당시 400만 명으로 내려 앉았으며, 현재의 이르러서도 아일랜드와 북아일랜드(영국으로 통합된 지역)까지 합쳐도 650만명 정도 수준입니다. 이러한 대기근의 영향으로 인구감소가 아일랜드어의 지위도 잃게 만들었습니다. 아일랜드는 대기근을 계기로 영어에 밀리면서 다수 언어의 지위를 상실하게 되면서 아일랜드에서는 영어가 사용되고 아일랜드어는 오지에서나 사용되는 언어로 전락하고 말았다고 합니다. 그렇지만 해외기업들의 정착지로서는 오히려 영어사용이 이점(利點)이 되고 있는 아이러니도 있습니다.

기업환경

 아일랜드의 법인세율은 12.5%로 유럽에서 가장 낮은 국가 중 하나입니다. 한국은 법인세율이 이 두 배가 되는 25%입니다. 최근 OECD보고서에 따르면 OECD회원국가중 일본을 제외하고 아일랜드가 고등교육을 받은 젊은 전문기술인력을 가장 많이 보유하고 있는 것으로 나타났습니다. 물론 영어를 사용하는 국가이고 위 같이 소프트웨어 등 전문기술인력이 많은 나라는 아일랜드 이외에도 많은 나라가 있습니다.

 그럼 유독 아일랜드만이 이 같은 외국기업의 유치전에서 독보적인 승리를 거두는 까닭은 무엇일까요? 바로 다름아닌 낮은 법인세율 덕분입니다. 법인세율이 낮다는 의미는 기업이 벌어들인 수익을 다른 투자활동에 사용할 수 있는 여지가 많다는 것입니다. 다른 말로 정리하면 기업의 활력이 다른 나라에 비하여 월등히 높다는 것입니다.

 100을 벌어서 그 중 1/4을 국가가 가져가는 나라하고 거의 1/10을 국가가 가져가는 나라하고 그 매력 정도가 다르지 않겠습니까? 사업을 하는 기업으로서는 수익이 생겼을 때 다음에 다가올 불경기에도 대비하여 하고 또 잘 되는 영역이 있으면 새로운 투자도 하여야 하기 때문에 항상 자금흐름에 민감할 수밖에 없고, 따라서 법인세 부담정도가 제일의 고려요소일 수 밖에 없습니다.

기업=초부자인가?

최근 우리정부에서 현행 법인세율 25%를 2% 포인트인하하자는 법안을 발의하였는데 야당에서는 이를 두고 "초부자감세" 법안이라며 반대목소리를 높이고 있습니다. 정치공세라는 것이 사실에 기반하지 않은 언쟁 거리를 생산하는 것이라고는 하지만, "기업=초부자, 수퍼부자" 라는 이해수준이라면, 그야말로 "초보자"정치라고 부르기 조차도 아깝습니다. 그러한 이해를 바탕으로 정치를 하라고 국민들이 혈세를 내어 봉급주고, 차 주고, 보좌관 두고, 넓은 사무실에서 일하라고 하지는 않았을 것입니다. 서민입장에서 보면 "기업은 돈 많은 곳 아닌가?" 초부자가 그런 의미에서 기업이라고 보는 것이 틀린 말이 아니라고 반론할 지는 모르겠습니다. 정치가 중에 식견이 높은 정치인도 있고 그렇지 못한 정치인이 있다고 하여 국회가 모두 식견이 낮은 엉터리 들만 있는 곳이라고 이야기하면 틀린 이야기인 것과 마찬가지입니다. 이를 구분 못할 정도로 이해하는 국민은 없을 테니 말입니다.

이러한 주장에 관하여 크게 두 가지 면에서 살펴보도록 하겠습니다.

하나는 기업이라는 것이 과연 무엇인가에 관한 문제와 기업에 과세를 하면 어떤 효과가 나타나는지에 관해 부분으로 나누어 볼 수 있습니다.

1) 기업이란 무엇인가

기업이란 무엇인가에 관해서 생각해 봅시다. 기업이 실재한다는 실체설에 따르면 기업은 기업자체 그대로 개인과 마찬가지로 존재하는 것이라고 보는 것이지요. 그러나 기업은 주주로 구성된 단체입니다. 아래 그림의 삼성전자의 주주 구성과 같이 말입니다.

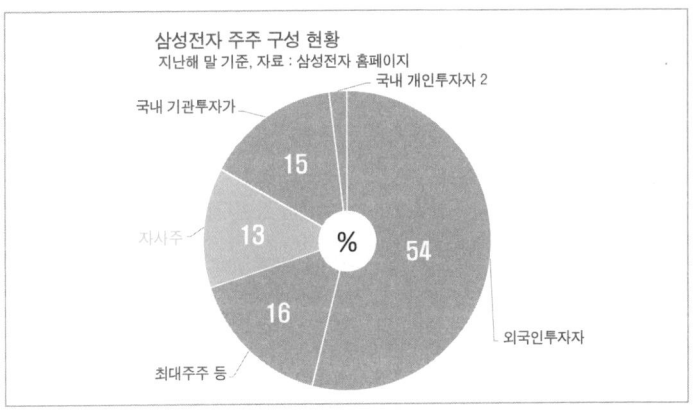

여러분! 기업의 대표적인 형태 그 중에서도 대표적인 주식회사를 봅시다. 회사의 주인은 회사를 만든 사람 이겠지요. 주식회사의 경우 회사에 자금을 제공하고 회사를 만든 사람들을 우리는 주주라고 부릅니다. 주주 중에는 그 회사의 경영도 담당하는 지배주주가 있을 수 있고 경영에 참여하지 않은 투자주주도 있습니다. 지배주주를 제외한 나머지 소수주주들은 모두 부자일까요? 이른바 이들이 초부자일까요?

2) 지배주주

> [단독] 현금 없는 이재용…수천억 신용 대출 받아 상속세 낸다 - 머니투데이
>
> 삼성 이재용 부회장 4000억 신용대출… 머쓱해진 금융위 - 뉴스저널리즘

기업의 지배주주라고 하여 이들이 초부자일까요? 기업 지배주주의 대부분의 재산은 기업이 발행하는 주식입니다. 기업 경영을 위해서 일정수의 의결권 주식을 확보하여야 합니다. 경영을 하기 위해서는 이 주식이 없으면 경영에 관여할 수가 없습니다. 이 주식을 팔게 되면 더 이상 주주는 아니겠지요. 그렇지만 경영을 하고 있는 이상은, 의결권주식의 보유는 필수입니다. 마치 1세대 1주택자처럼 어디에 가서 살든 적어도 한 채는 꼭 필요한 게 집입니다. 그래서 1세대 1주택에 대

하여는 면세를 하여 주지요. 이 집을 팔고 다른 곳에 가더라도 그 돈이 여유 돈이 되는 게 아닙니다. 마찬가지로 일정한도의 의결권 주식(특별결의에 필요한 30% 정도의 주식; 사실 이 정도의 주식지분은 갖고 있는 지배주주도 흔치 않습니다)은 경영을 위한 최소한의 요건입니다. 더 나아가 경영이 실패하면 그 의결권 주식이라는 것은 휴지조각에 불과합니다. 부동산이나 현금이 되지는 않습니다. 이러한 특별 결의를 초과하는 부분에 관하여서는 처분하여 현금화할 수도 있겠지만 그 이하로 내려가는 경우에는 경영을 계속 하는 한 자신의 행복을 위하여 사용될 수 있는 여지가 없는 오로지 경영목적의 처분불가한 재산에 불과합니다. 요약하면 지배주주의 전 재산이라고 할 수 있는 경영권을 위해 꼭 필요한 자신의 회사주식은 초부자라는 관점과는 거리가 있는 재산입니다. 위 신문기사에서 보는 바와 같이 대기업의 지배주주라고 하더라도 경영권유지를 위하여 수천억원씩 돈을 빌려야 하는 상황입니다.

중소기업의 지배주주라면 상황은 더 합니다. 즉 A라는 중소기업을 가난한 사람들이 모여 회사를 운영하는 지배주주인 경우, A라는 회사가 초부자라고 할 수 없을 것입니다. 그래서 외국에서의 법인세를 배울 때 처음 배우는 내용이 바로 "법인은 부자일까요?"라는 질문입니다.

법인이 초부자라는 의미는 지배주주가 초부자라는 의미일까요?

지배주주=초부자라는 의미라면, 지배주주에게만 초부자답게 과세하는 세율을 적용하는 게 타당하지 않겠습니까? 그런데, 법인세율은 누진세율이 아니라 비례세율입니다. 이것을 높이면 지배주주 이외의 주주에게는 오히려 "세부담의 형평성"에 반하는 역진적인 세제가 되는 것입니다. 그 이전에 법인세는 지배주주 이든 그 이외 주주이든 주주에게 부과하는 세금이 아닙니다. 지배주주만을 따로 떼어 법인세율을 만드는 방법은 개인소득세이지 법인세제는 아닙니다. 과세시스템 어느 면을 놓고 보더라도 법인세=초부자과세라는 등식은 존재하지 않습니다.

만약 거대한 자본금을 가지고 있거나 많은 자산을 가지고 있는 대기업을 염두에 두고 "법인=초부자"라고 한다면, 그러한 법인에게는 초고율의 법인세를 부과하고, 가난한 법인에게는 저세율의 법인세를 부과하면 되지 않느냐고요? 우선 그런 나라도 없거니와 거의 모든 나라가 기본적으로는 비례세율입니다. (소득세의 누진세율과 비교하여 보면 2단계 정도의 한계세율만이 존재합니다). 법인세를 부담하는 법인이라는 존재는 자연인과 같은 존재가 아닌 법이 의제한 인격체에 불과(그래서 이름도 "법인")합니다.

3) 지배주주 이외의 주주

회사의 주주에는 지배주주만 있는 것이 아니지요. 나머지

주주들도 많이 있습니다. 이들이 합하여 법인을 이루는 것이지요. 이러한 지배주주를 제외한 다음 나머지 주주들은 과연 어떨까요? 이들도 초부자일까요?

먼저, **기관투자자**라고 소위 일컫는 투자자들의 구성은 과연 어떨까요?. 이러한 기관투자자 들 중 대표적인 기관이 국민연금입니다. 국민연금가입자의 돈으로 주식에 투자하여 법인의 주주 즉 법인의 구성원이 된 것입니다. 국민연금 가입자가 정치권이 말하는 "법인=초부자"에서 "초부자"는 분명 아니지 않습니까?

다음으로, 증권회사에 증권계좌를 만들고 투자를 위임한 일반 근로자나 소시민들 상당히 많습니다. **동학개미**라고 일컬어지는 개인투자자들은 주식시장의 활성화를 위하여 오히려 정부가 인센티브를 주면서 까지 공을 들여야 하는 소시민들입니다.

그럼 또 회사의 **우리사주 조합원 주주**는 어떤가요? 국회의원 세비[5]의 3분의 1 정도에 불과한 도시근로자의 평균임금이 3천만원 정도입니다. 이들로 구성된 회사의 우리 사주 조합원이 초부자인가요?

---

5) 2022년 현재 국회의원 세비연액은 1억5천4백만원 정도이고 도시근로자 평균 연소득은 3천만원 남짓하다

"회사 혹은 기업=초부자"라는 인식은 거대기업을 거대기업이라는 한 사람의 주인이 있는 것과 같은 착시효과를 전제로 합니다. 그러나 기업은 주주로 구성된 단체입니다. 기업 혹은 회사라는 것은 그 자체로 존재하는 것이 아닙니다.

고대 중세에 이르기까지 신이 지배하던 시대에 신의 이름으로 제사장이나 교황이 모두 권력의 중심에 있었지만, 현대는 회사나 기업이라는 법인이 이들의 역할을 대체하고 있습니다. 그런데, 회사나 기업은 주주의 소유물입니다. 즉 주주가 직·간접적으로 통제하는 시스템이 바로 회사입니다. 그렇다면 기업 혹은 회사가 부자이냐 아니냐의 문제는 주주구성과 떼어놓고 생각할 수 없습니다.

법인세 인상= 세수증가?, 세수증가=국부증가?

법인세를 인상하면 어떤 효과가 생기는 건가요[6]? 위 정치권의 슬로건대로 초부자에게 세금부담을 더 늘리면 어떤 효과가 생길까요? 특히 경제적인 면에서 말입니다. 이는 학술적으로는 법인세부담을 누가 하느냐 하는 문제로 논의되고 있습니다.

법인 즉 회사의 주인은 주주이므로 주주가 부담하는 것이지요. 위에서 본 바와 같이 주주가 모두 초부자는 당연히 아니지

---

[6] 김성현, 양은순, 최윤석, '법인세 인상의 재정 및 거시경제 효과에 대한 동태적 분석,' 한국연구재단(2016)에서는 법인세 인상은 단기적으로 세수를 증가시킬 수 있으나 장기적으로 총수요 감소와 자본 유출 심화로 세수 증가에 미치는 영향이 줄어들게 되고, 주요 거시 변수 및 후생에 부정적 영향을 미치게 된다고 결론짓고 있다.

만 우선 주주가 부담한다는 점은 분명합니다. 그러나 이렇게 부담이 늘어난 주주는 이 부담을 그대로 앉아서 떠 안을까요? 절대로 그렇지 않습니다. 시간이 흐르면서 주주로부터 시작된 부담이 다른 곳으로 이전되게 됩니다. 이른바 조세의 전가(轉嫁)가 일어나는 것이지요.

우선 조세부담이 늘어난 부분에서 그런 부담이 없는 곳으로 투자를 돌리게 됩니다. 이에는 법인세부담이 미치지 아니하는 비법인영역(non-corporate sector)로 돌리거나, 세 부담이 낮은 해외로 투자를 돌립니다. 이른바 자본의 해외이탈이지요.

먼저, 비법인으로의 투자이전은 법인세 세후 부담이 non-corporate sector 와 corporate sector 가 동등하게 될 때까지 진행됩니다. 그렇다면 당연히 모든 법인분야의 투자가 줄어들게 됩니다. 다음으로, 해외로의 자본이탈은 국내에서의 자본(기계장치, 설비, 인프라 등)투자의 감소를 가져오게 되고, 고용근로자의 생산성 저하로 연결되어 근로자들의 임금, 상여 등 소득을 줄이게 만듭니다.

법인세 부담에 대하여 개별 기업의 상황을 고려하여 보면 다음과 같은 전가효과가 생깁니다. 이에는 기본적으로 세가지 경우가 있을 수도 있습니다 .

첫째로 추가로 인상되는 법인세 부담에 대하여, 당해 법인이 시장에서 경쟁력이 있다면 제품 가격을 올려서 세부담 인상분 만큼 소비자에게 전가시키게 됩니다. 100원에 팔던 제품가격을 법인세부담이 5% 포인트 정도 인상된다면 105 원으로 제품가격을 인상하는 것이 자연스러운 결과일 것입니다. 이렇게 되면 법인세 인상의 효과는 물가상승으로 결국 소비자부담으로 전가됩니다.

둘째로 제품 경쟁력이 없는 기업이라면, 그 회사의 제품은 값을 올려 받을 수 없기 때문에 경비를 즉 생산원가를 줄여야지만 견딜 수 있습니다. 가장 손쉬운 원가 절감방안은 구매 비용(원재료 조달 가격)을 줄이거나 근로자의 임금을 삭감하거나 근로자 수를 줄여서 자동화하는 방안입니다. 원재료조달가격은 시장에서 이루어지는 경우가 대부분이므로 손쉬운 인력 구조조정이나 임금 삭감으로 나올 가능성이 큽니다. 그래서 시장에서 살아남은 결과는 근로자의 임금삭감의 형태로 전가됩니다.

다음으로는 경쟁력이 없어서 제품 가격 인상도 하지 못하고 노조의 반대로 임금삭감도 할 수 없다면, 손해를 보고 제품생산 혹은 판매를 계속하든가 문을 닫는 수 밖에 없습니다. 적자생산도 한계가 있을 것이니 결국 문을 닫게 될 겁니다. 그렇다면 궁극적으로 시장의 경쟁자가 줄어들어 과점 현상이 나타나거나 독점 현상이 나타나서 궁극적으로는 소비자에 대한 부담 증가로 이어질 수밖에 없습니다. 물론 일자리가 줄어드는 것은 당연한 일이겠지요. 이러한 상황은 국내자본의 해외이탈을 가속화하게 되는 토양이 됩니다.

결국 제품의 가격인상이나 임금 삭감, 혹은 고용축소 등으로 이어지니, 법인세 부담이 전가되는 상황을 이해만 할 수 있다면, 법인세 인상은 결코 정부가 의도했던 대로 세수증가만 가져오는 손쉽고도 기막힌 아이디어가 아닌 경제의 부담을 가중시키는 양날의 칼인 셈입니다. 즉 약리학에서 말하는 대사적 활성화 (metabolism activation)를 생기게 하는 정책입니다. 법인세 인상 전 상황에서 세금만 더 늘려가는 게 아니라, 위에서 본 바와 같은 다른 변수들도 활성화가 되게 마련입니다. 그게 경제에 독이 되는 것입니다. 그래서 법인세는 차라리 폐지하는 게 낫겠다는 주장도 이러한 데 기초하는 것입니다.

법인세를 인상하는 것은 저수지에 물이 많다고 한꺼번에 물을 퍼 내가는 것입니다. 그런데 저수지의 물은 농업용수, 식용수 등 후일 필요한 때 사용하려고 보관하고 있는 것입니다. 이를 한꺼번에 퍼내가면, 누군가 이를 후일 필요시 이용하려는 사람에게 피해가 돌아가는 것은 당연한 일입니다.

법인세인하 효과

　법인세 부담의 인상에 관한 이 같은 담론은 법인세 부담의 완화의 경우에는 반대의 효과를 가져 오게 됨은 말할 나위가 없습니다. 만약에 법인세를 인하한다면 위와는 정반대 효과가 나타날 수 있겠지요. 법인세 부담이 완화된 만큼 제품 가격을 인하할 수도 있고 법인세 부담이 완화된 만큼 고용 조건이 개선될 수도 있을 겁니다. 물론 모든 기업이 그렇지 않다 하더라도 전체적으로는 그럴 수 있는 여건이 조성은 되는 셈입니다. 이러한 점에서 법인세 부담의 완화는 상당히 매력적인 수단입니다.

　그런데 왜 법인세를 완전히 폐지하기는 어려울까요? 법인세만큼 매력적인 조세징수 수단이 없기 때문입니다. 법인세가 폐지되면 법인의 주인인 주주에게 배당으로 법인에서 생긴 이익을 과세하면 되는데도 말입니다. 이 맥락에서 알 수 있듯이 법인세라는 것은 법인의 주인인 주주에게 이익이 돌아가기 전에 과세하는 절차라는 것을 알게 될 겁니다. 그래서 법인세는 소득세의 전단계 징수절차인 셈입니다. 소득세로 나가기 전에 거두어 들인다는 의미에서 이지요. 납세자 수는 얼마되지 아니하고 현대식 회계기준에 의한 투명한 자료로 손쉽게 거두어들일 수 있다는 징수효율성 면에서 대단한 매력을 지니고 있는 셈이지요. 이른바 코스트퍼포먼스cost performance나 타임퍼포먼스time performance가 좋은 제도이지요. 거기에 더하여 정부가 기업을 통제할 수 있는 가장 손쉬운 방법이기도 합니다. 후자와 같은 정치적 의미도 무시할 수 없을 겁니다. 우리나라에서와 같이 경제민주화란 이상한 경제철학을 부르짖는 사회에서는 더욱 더 그러합니다.

그러나 우리 사회가 풍요로운 사회가 되려면 이 같은 기초적인 이해부터 선행되어야 합니다. 성장을 멈춘 사회에서 분배의 목소리가 싹트기 시작합니다. 우리는 분배의 목소리가 DJ 정부 이후 점점 그 성량(聲量)을 키우고 있습니다.

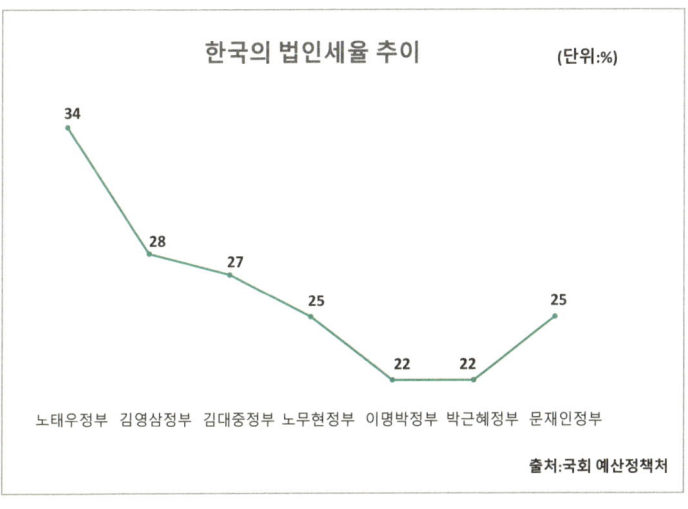

다른 나라에서 20%대 이상으로 법인세를 징수할 당시 아일랜드 여성대통령은 12% 의 가장 낮은 법인세율로 수 많은 외국기업들을 아일랜고로 불러들였습니다. 그 결과 그 나라는 과거 자신들을 식민지로 삼았던 영국의 국민소득의 2배 이상으로 잘 사는 나라가 되었습니다. 비록 법인세 하나만이 그 공을 다 차지 할 수는 없지만 이러한 태도 자체가 친기업환경을 만드는 데 커다란 기여를 한 점을 부인할 수 없습니다.

위 그림의 우리나라의 법인세율을 변천과정을 보면 아일랜드와 같이 획기적으로 법인세율을 낮추는 것이 얼마나 어려운지를 실감할 수 있을 겁니다.

외국기업의 천국=부자나라

아일랜드의 법인세 시스템은 아일랜드 경제의 핵심 구성 요소입니다. 2016-17년에 외국 기업은 아일랜드 법인세의 80%를 지불하고 아일랜드 노동력의 25% (아일랜드 급여 세금의 50% 지불)를 고용했으며 아일랜드 OECD 비농업 부가가치의 57%를 창출했습니다. 2017년 기준으로 상위 50개 아일랜드 기업 중 25개가 미국계 기업으로 상위 50개 아일랜드 기업 매출의 70%를 차지합니다. 2018년까지 아일랜드는 역사상 가장 많은 미국 법인이 아일랜드 법인으로 전환되었으며[7], 그 중에서도 Apple은 아일랜드 GDP의 5분의 1 이상을 차지했습니다.[8]

---

7) 자국의 법인이 해외로 나가 단순히 자국법인의 해외사업활동을 넘어 아예 해외법인으로 변경되는 것 즉 외국법인이 되는 것을 corporate inversion이라고 합니다. 모국의 법인이 자회사를 외국에 설립하거나 외국법인과 합병하여 존속회사를 외국법인으로 두는 것 우리가 흔히 말하는 내국법인의 본사 이전도 모두 이에 해당된다고 할 수 있습니다. 외국법인이 되면 외국법인이 해외에서 벌인들인 소득에 대하여는 국내과세당국의 과세권이 미치지 않게 됩니다.

8) Corporation tax in the Republic of Ireland, From Wikipedia, the free encyclopedia, 2022. 12. 22. 18:21 "Ireland's Corporate Tax System is a central component of Ireland's economy. In 2016-17, foreign firms paid 80% of Irish corporate tax, employed 25% of the Irish labour force (paid 50% of Irish salary tax), and created 57% of Irish OECD non-farm value-add. As of 2017, 25 of the top 50 Irish firms were U.S.-controlled businesses, representing 70% of the revenue of the top 50 Irish firms. By 2018, Ireland had received the most U.S. § Corporate tax inversions in history, and Apple was over one-fifth of Irish GDP."

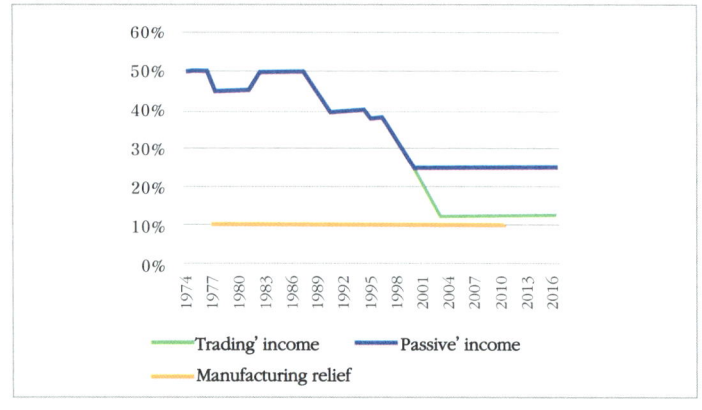

위 표에서 보는 바와 같이 아일랜드에서 적극적 사업을 하는 법인에 대한 법인세율을 12.5%입니다.

⟨S9⟩에서 보는 바와 같이 아일랜드의 성장은 외국기업 유치의 역사와 궤를 같이합니다. 이 나라의 1인당 GDP변화도 ⟨S10⟩에서 보는 바와 같이 획기적으로 증가하게 됩니다. 아일랜드의 2022년 1인당 GDP는 102,217 달러로 과거 식민지 시

⟨S9⟩

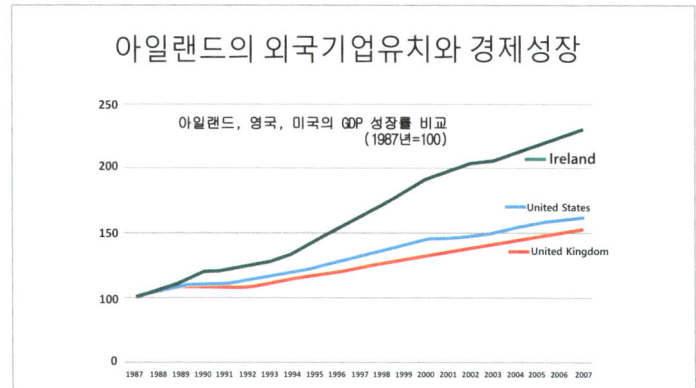

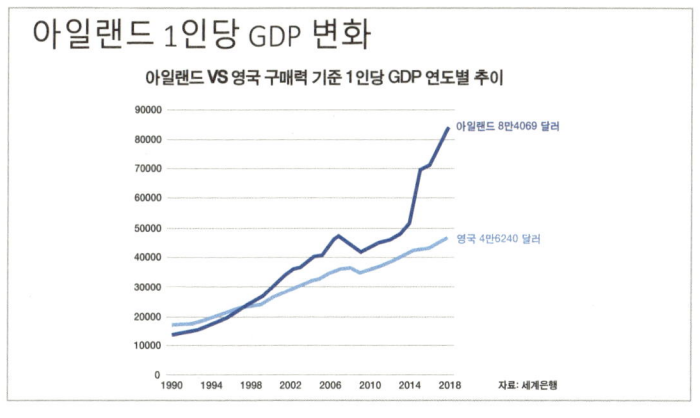

〈S10〉

절 종주국이었던 영국 ($47,317)을 두 배 이상 추월하고 있습니다. 이 모두가 외국인 직접투자(Foreign Direct Investment) 유입의 1위가 된 나라 덕분입니다.

이런 나라에서는 조세를 어떻게 이해하기에 이런 사고가 가능한 것일까요?

법인세를 비롯한 조세의 본질이 무엇인가에 관하여, 그리고 그것을 어떻게 이해할 것인가에 관하여 상이한 견해가 있습니다만, 공통적인 점은 조세란 기본적으로 국민들이 갖고 있는 재산권을 침해하는 행위입니다. 다만 어느 정도의 침해를 인정할 것인가 하는 게 문제입니다. 그러나, 우리가 삶을 살고 있지만, 삶의 본질이 무엇인지 이해하는 것이 쉽지 않은 것처럼, 삶의 일부를 이루는 세금도 그 본질이 무엇인지 분명하게 정의하는 것이 어렵습니다. 다양한 면들이 어우러져 있기 때문입니다.

이러한 견해 중에 세금을 정부가 공용수용(公用收用)하는 경우와 동일하게 이해해야 한다는 견해가 있습니다. 공용수용과 조세에 차이가 있다고 하더라도, 결국 정도 문제에 지나지 않는다고 보고 양자를 통일적으로 해석해야 된다는 것입니다. 전자는 일회적으로, 특정인에게, 후자는 죽을 때까지, 보편적으로 적용된다는 점이 다르긴 하지만, 특별세 같은 경우에는 그 차이가 없습니다.

　우리 헌법에는 공용수용의 경우에 정당한 보상을 하도록 하고 있습니다. 그것도 일회적으로, 특정인에게 하는 경우에도 정당한 보상이 필요하다면, 그보다 부담정도가 훨씬 커서, 평생 동안 납부하여야 하는 세금의 경우에는 더더욱 정당한 보상이 필요하지 않을까요? 공용수용과는 달리 과세의 정당한 보상은 금전의 형태로 지급되는 것이 아니기 때문에, 그것이 가능하지 않다면 처음부터 사람들에게 과세하지 말아야 한다고도 생각할 수 있습니다. 그렇지만, 과세의 결과, 납세자가 결과적으로는 이익을 받는다 또는 불이익은 되지 않는다고 하는 것이 필요합니다. 치안의 유지나 국방이나, 사회 인프라와 같은 면에서 말입니다. 납세자는 부담없는 이익을 현물의 형태로 받기 때문에 그 한도 내에서는 정당한 보상을 받는다고 볼 수 있습니다.

　그렇지만, 이러한 목적에 의한 세금은 특별세나 누진세가 아닌 비례과세 하여야만 한다는 결론이 됩니다. 누구도 자기가 받는 이익에 비례해서 부담하지 않기 때문입니다. 특정인에게만 과세하거나 누진세를 부과한다는 것은 그 대상으로 된

납세자에게 순손실을 주는 것이므로 국가가 "자의적인 권력"을 행사했다라고 볼 수 있기 때문입니다. 이러한 주장의 대표적인 학자는 뉴욕대학의 로스쿨 교수인 Epstein입니다.

이와는 대척점에 있는 "국가주의적 재산권" 론이 있습니다. Liam Murphy 와 Thomas Nagel 교수입니다. 이들은, 세제에 앞서서 재산이라고 하는 것이 존재하지 않는다고 생각합니다. "정부없이는 시장은 존재하지 않고, 조세없이는 정부는 존재하지 않는다"고 말입니다. 그래서 "어떤 형태의 시장이 존재하는가 하는 문제는, 정부가 만들어져야만 비로소 생겨나게 되는 법과 정책결정에 달려 있다. 조세에 의해서 지탱되는 법체계가 없으면, 화폐, 은행, 기업, 증권거래소, 특허 등, 즉 현대의 시장경제소득과 부의 대부분이 현대적 형태로 존재할 수 없다"고 합니다. 그런 까닭에 사람이 과세 전 소득에 대하여 어떤 종류의 권한을 갖는다고 주장하는 것은 이론적으로 불가능하다고 보는 견해입니다. 따라서, 재산이라고 하는 것은 철두철미하게 국가가 만드는 제도로 재산권의 제도 내용은 국가가 사회의 정당한 목표를 위해 결정한다고 보는 것입니다. 이러한 견해에도 많은 비판이 있는 것은 물론입니다. 우리의 재산에 대하여 채권을 갖는 자가 있다고 하여 우리가 그 재산에 대하여 아무런 권한이 없다고 할 수는 없기 때문입니다[9].

어느 쪽 이론에 의하든 모두 법인세를 과도하게 하여서는 안된다고 이해할 수 있습니다. 조세를 공용수용과 같은 맥락

---

9) Gaus, Gerald, "Coercion, Ownership, and the Redistributive State: Justificatory Liberalism's Classical Tilt", *Social Philosophy and Policy*, Vol.27 No.1 (2010) pp. 233-275

에서 이해한다면, 정당한 보상도 주어지지 아니하는 조세를 과도하게 부과하는 것 자체가 이론상 허용되지 아니한다는 결론이 될 것이고, 국가주의적 재산권이론에 의하더라도 국가가 마음대로 할 수 있다고 하더라도, 국가가 더 잘되는 방향으로, 이들의 표현에 따르면, "사회의 정당한 목표"에 맞추어, 조세제도를 운용하여야 하기 때문에 기업을 부유한 국가를 이루기 위한 수단으로 이해한다면 과도한 조세부담은 결국 국가에 도움이 되지 아니하기 때문입니다.

그래서 이런 제안을 해보고 싶습니다. 우리나라의 정치권 인사, 특히 법인세 인하를 "초부자감세"라고 주장하는 야당 국회의원들을 아일랜드로 보내 그 곳 정책 당국자들과 토론을 하게 해 보았으면 좋겠습니다. "초부자감세"가 부익부 빈익빈 현상을 심화시키지 않았는지, "초부자감세"를 하지 않았더라면 더 잘 살 수도 있지 않았는지 등에 대한 토론 말입니다. 다만 아일랜드로 가는 출장비는 개인비용으로 부담하여야 하고, 공적 비용으로 지출해서는 안 될 것입니다. 국민혈세로 운영되는 의원들의 세비가 자신들의 억지주장을 바로 잡는 공부를 위하여 쓰여서는 안 된다는 국민들이 많을 것으로 생각되기 때문입니다.

아마도 아일랜드 정책당국자들은 법인을 초부자 혹은 슈퍼리치로 자리매김하는 것을 들으면, 아주 점잖게 표현하여, 법인세가 어떤 것인지 기본적인 이해자체가 잘못된 것이라고 생각할 지도 모르겠습니다.

중국
- G2로의 성장배경은 등소평의 외국기업유치

 등소평의 제안에 따라 중공은 경제특구를 통하여 경제성장을 이루어냈습니다.

 중국의 경제특구는 폐쇄된 중국 내륙을 외부세계와 연결하는 창구로서의 역할과 기존의 계획경제시스템을 개혁하고 시장 시스템 도입과 관련된 다양한 실험과 성과를 중국 내륙에 전수하는 실험실로서의 역할을 담당하였습니다. 이 중 한 예를 들면, 심천경제특구는 외국자본에 대해 중국 내륙지역이 제공할 수 없는 세제 우대 등 일련의 인센티브를 부여할 수 있는 특권을 가졌는데, 심천 경제특구에 투자한 외국기업에 대한 소득세는 다른 지역의 33%보다 낮은 15%로 확정되었습니다. 투자유형에 따라 면세기간도 달리 책정되었는데, 생산성 부문은 계약기간이 10년 이상인 기업의 경우 이윤이 획득되는 첫해를 기준으로 2년간 기업소득세가 면제되고, 5년동안은 50%가 감면되는 등 많은 세제혜택을 주었습니다. 이리하여,

심천경제특구의 기업분포는 외국투자기업이 75% 이상을 차지하고 있고, 그 외에 국영기업과 개인기업이 차지하고 있고, 경제특구로 지정된 후 연 평균 33%의 GDP성장률을 보이고 있으며, 2백20억달러의 외자를 유치하여 인구 3만명의 벽촌에서 1천만명 이상이 상주하는 대도시로 성장하였습니다.

상해 경제특구도 비슷합니다.

상하이의 푸동지역은 경제자유구역 내의 기업에게 세제특혜를 부여하였는데, 기업소득세, 즉 법인소득세는 일률적으로 15%로 하고, 생산활동에 종사하는 기업으로 투자경영기간이 10년 이상인 기업에 대해서는 이익발생년도부터 2년간 전액 면세, 3년간 50% 감세하는 혜택을 부여하였습니다. 첨단기술 기업인 경우 기본감면기간 후 3년간 추가 50% 감면하나 감면 후 세율이 10% 이하인 경우 10%로 납부하도록 하고, 중국에 진출한 합작업체가 획득한 이윤을 중국 내에 재투자하고 합작기간이 5년을 초과할 경우 기납부금의 40%를 환급하였습니다.

중국은 선전 등 경제특구의 실험과 경험을 점진적으로 연해도시와 중국전역으로 확대하면서 경제체제 개혁을 성공적으로 달성하였습니다. 그 결과 중국의 경제특구는 1980년에서 1999년 사이 중국 경제특구의 연평균 GDP 성장률의 경우 선전은 33%, 산토우 27%, 주하이 24%, 시아먼은 19%로 중국 전체의 성장률인 9%보다 높게 나타났습니다[10].

 중공과 같은 공산주의 국가도 이 같이 삶의 문제를 해결하기 위하여 법인세를 과감히 낮추어 주었습니다. 우리는 초부자감세로 비난하며 아직도 머뭇거리고 있습니다. 분배와 균등을 주장하는 공산주의와 이념상 대척점에 있는 자본주의를 받아들이고 다시 자본주의 나라보다 더 늦게 경제개방을 하면서 우리 나라보다 더 유연한 사고를 가진 것입니다. 15% 법인세를 초부자감세라거나 슈퍼리치 감세라고 주장하지 않습니다. 이를 바탕으로 경제특구의 실험이 성공하자 내륙으로도 외국기업을 활발하게 유치하여 오늘날 G2로 성장하기에 이르렀습니다.

---

10) 외국인 투자 유치를 위한 경제특구 등 특별구역제도의 정책 현황., ...http://world.moleg.go.kr

"법인세인하=초부자감세"로 이해하는 나라의 미래

우리는 아일랜드와 중공의 경제성장을 통하여 무엇을 배워야 하나요?

그들이 잘 사는 방법을 체득하여서가 아니라 제도의 본질을 잘 이해하여 시스템을 운영하였기 때문입니다.

법인세인상을 고집하고, 인하를 완강하게 저항하는 사람들에게 이런 이야기를 하고 싶습니다.

회사가 100을 벌었는데 국가가 세금으로 25%를 가져가겠다고 나섭니다. 회사의 종업원과 주주들은 100에 대한 성과급을 기대하고 있었는데 결국 75를 가지고 분배하여야만 되겠지요. 국가가 먼저 세금으로 걷어가니까 남은 것 가지고만 분배하여야 합니다. 그런데 법인세가 12.5%라면 100에 대한 성과급은 87.5를 종업원과 주주들에게 나누는 셈이 되겠지요. 후자라면 당연히 회사에 대한 열정과 노력을 전자에 비하여 더 많이 들이겠지요.

그런데, 한편으로 생각하여 보면, 회사=초부자라면, 최고 개인소득세율(현행 40%)보다도 높게 과세되어도 되겠지요. 그러면 어느 회사가 열심히 일하겠나요? 어느 외국회사가 한국에 들어와 사업을 하려고 할까요? 절대로 안옵니다.

법인의 본질은 "주어진 사업을 수행하기 위하여 만들어진 개인의 집합체"[11]입니다. 그래서 소득세 과세단계에서 배당소득공제를 하는 제도를 두고 있습니다. 이중과세가 되는 것이니까요. 그래서 위에서 본 바와 같이 법인세의 본질이 "소득세의 징수 전 단계 조세"라고 하는 것입니다.

그렇다면 법인소득에 대하여 과세한다는 것은 법인이 벌어들인 소득에 대하여 과세하는 것이지요. 법인이 벌어들인 수익에 대하여 과세제도가 없다면 이 이익창출에 누가 얼마나 기여하였느냐를 기준으로 그 성과급을 배분합니다. 즉, 회사 이익에 기여한 종업원과 회사의 주인인 주주에게 성과를 나누게 됩니다.

그런데 국가가 이 이익에 대하여 과세를 합니다. 법인세는 한마디로 정리하면, 회사가 벌어들인 수익을 국가와 회사원 및 주주가 얼마 씩 받아가게 하는 게 맞는가 하는 문제입니다. 그런데, 이것을 마치 회사가 많은 돈을 벌었다는 사실자체만

---

11) 일본의 현대적 조세제도의 기틀이 된 미국 Shoup Mission이 법인을 정리한 내용입니다. 우리도 일본의 조세법을 받아들였습니다.

을 과장되게 강조하여 회사종업원과 회사주인인 주주가 받아 가야 할 성과급을 국가가 더 많이 받아가겠다고 주장하는 것이 법인세인상론 혹은 법인세인하반대론입니다.

　법인단계에서 25%를 국가가 세금으로 거두어가고, 소득세단계에서 다시 40%를 가져가면, 10인의 종업원과 10인의 주주로 구성된 회사인 경우, 100을 벌어도 회사단계에서 75만 남게 되므로 이를 종업원에게는 성과급으로, 주주에게는 배당으로 주어야 합니다. 주주와 종업원의 성과분배비율을 5:5로 정한다면, 종업원과 주주는 각 37.5 를 가지고 10명이 분배 받아 가야 합니다. 1인당 3.75의 몫이 돌아가게 됩니다. 그런데 다시 소득세를 최고 40%까지 부과하면, 이마저도 절반 수준으로 줄어듭니다. 1인당 성과급은 그렇게 되면 2.25에 불과하게 됩니다. 100을 가진 초부자로 보였던 법인이 실제로는 2.25를 가진 주주에 불과하게 됩니다.

　그러나 회사는 장기적으로 존속하여야 하므로, 벌어들인 수익에서 기계설비나 생산활동에 필요한 비용도 비축하여야 합니다. 이러한 몫도 고려하면, 즉, 회사투자: 종업원: 주주 등으로 분배비율을 동등하게 정한다면, 75를 1/3씩 나누게 되고, 종업원과 주주에게 돌아갈 몫도 37.5 가 아니라 25가 됩니다. 1인당 2.5를 받아 여기에 다시 소득세를 납부하여야 합니다. 소득세납부후 개인 주주에게 남은 금액은 1.5가 됩니다. 100이라고 생각하였던 초부자는 실제로는 1.5를 손에 쥐게 되는 주주일 뿐입니다. 여기서 주목할 점은 주주라고 하여 모두 초부자가 아니라는 점입니다. 기관투자자인 국민연금이 돈많이 가지고 있는 초부자인가요?

법인이 초부자라면, 질투의 대상이라도 되겠지요. 나라경제를 살리는, 일자리를 만드는 주요한 터전인데 말입니다.

<u>법인세는 이 같이 회사의 장래 투자비용과 종업원, 주주에게 돌아갈 성과급을 미리 선취하는 세금입니다.</u> 이를 두고 법인세를 초부자과세제도로 이해하니 노벨경제학상이라도 주어야 하는 것 아닌가요? 초보적인 법인세에 관한 이해도 결여되어 있으니, 무엇으로 해결할 수 있겠습니까?

장자의 제물론(齊物論)에 이런 이야기가 나옵니다. "어리석은 사람일수록 자기의 이론이나 진리가 옳고 고명하다고 여긴다-우자여유언(愚者與有焉)"고 합니다. 아마도 법인을 초부자라고 표현하면서 자신의 고명함에 새삼 탄복하였을 지도 모릅니다. 세상에서 아무도 법인을 초부자라거나 수퍼리치라고 부른 사람은 없었으니까요! 법인의 주주가 초부자일 수는 있을 수 있겠지요. 법인세를 초부자세라고 부르는 것은 이른바 사심자용(師心自用)입니다. 선입견으로 주관적인 관념을 가지고, 자신이 이런 것이 옳다고 생각하면 곧 옳은 것으로 여기는 것입니다. 정치선전은 그럴 수 있어도 국가의 지도자는 그러면 안되지 않겠습니까?

필자가 만난 외국정치 지도자

 필자는 외국의 정치 지도자들이 얼마나 외국기업 유치를 위하여 애쓰고 있는가를 직접 수없이 목격하였습니다.

 먼저, 현대자동차공장의 앨라배마 진출을 계기로 미국 여러 주 주지사들의 눈물겨운 유치노력이 있었습니다. 주지사는 물론이고 그 주 상원의원, 하원의원 할 것 없이 한국기업 유치를 위하여 필사적으로 노력하였습니다. 이에는 담대한 인센티브 제공제의도 있었음은 물론입니다. 트럼프 정부 초기 법무장관을 지낸 제프 세션스 당시 상원의원도 필자가 여러 번 만난 정치 지도자 중에 한 사람입니다. 기업애로 사항이 있다고 하면 의회 내 회의를 하다말고도 잠시 틈을 내 회사 관계자들을 만나 주기도 하였습니다.

 슬로바키아 대통령도 외국기업유치에 정말 열성적이었습니다. 기아자동차의 유럽 진출을 자국으로 돌리기 위하여, 한국 방문 시마다 회장을 만나고, 슬로바키아에서도 여러 번 회사 관계자들을 직접 만나 친밀함과 진정성을 역설하였습니다. 부족한 인센티브 제공을 위하여 국채도 발행했을 정도로 열성적인 정치 지도자로 기억되고 있습니다. 필자도 7-8회 이상은 이 훌륭한 대통령을 만났던 것 같습니다.

현대차가 중국에서 협약을 체결하거나 기공식을 하거나 준공식을 하면 중국 공산당 서열 상위의 지도자들이 모두 출연합니다. 이 모든 것이 공산주의 체제에서도 먹고 사는 문제가 얼마나 중요한지를 보여주며, 또한 정치지도자들이 어떻게 해야 한다라는 것을 웅변적으로 보여주는 것입니다. 외교부장을 만난 적이 있었는데, 중국의 외국기업유치가 국가적으로 얼마나 중요하게 취급하는 지를 설명하기도 하는 솔직한 면모도 볼 수 있었습니다.

필자가 만난 정치 지도자 중 인도 수상 또한 참으로 인상적이었습니다. 현대·기아자동차 회장이 재판을 받고 있는 피고인 신분임에도, -우리나라의 경우라면, 형사재판 중인 피고인을 국가수반이 접견하지는 않을 겁니다.- 수상관저에서 회담 일정을 잡아 주었습니다. 더 나아가 재판 중에 있는 사람과의 회동 사진을 대외적으로 공개하지 않는 관례가 있음에도 기업에 도움이 된다고 하니 이러한 관례를 무시하고 사진을 공개해 주었습니다.

벨기에 국왕은 한국을 방문할 때마다 자국으로 한국 기업을 유치하기 위하여 기업인들을 만납니다. 기업에 제공하는 인센티브도 참으로 그 진정성을 느끼기에 충분합니다. 비교적 최근에 남산에 있는 한 호텔에서 간담회가 있었는데, 벨기에에 투자하는 금액에 대한 이자는 벨기에 정부가 모두 부담하겠다는 것입니다. 그렇다면 투자원금을 무이자로 사용하는 것과 마찬가지 아니겠습니까?

독일의 전 총리였던 슈뢰더도 한국기업의 독일로의 유치를 위하여 한국방문을 자주 하는 사람 중의 하나입니다.

기업유치에 열 올리는 정치 지도자 뿐만 아니라 아예 상주하는 사무소도 있습니다. 서울에는 미국 30개 이상의 주정부에서 한국기업 유치를 위하여 사무소를 가지고 있습니다. 독일 주정부 도 한국 기업 유치를 위하여 서울에 대표 사무실을 가지고 있습니다.

내국법인마저 해외로 내쫓는 한국

⟨S11⟩

한국의 외국기업유치

- 기업유치 사활 건 외국, 나가라고 등떠미는 한국

벨기에: 투자원금에 대한 이자비용 부담

미국 알라바마에서의 경험

투자유치위한 한국내 외국정부 사무소

해외로 빠져나가는 투자금 (단위:억달러)

해외로 유출 순투자금
=국내기업의 해외직접투자-외국인 직접투자

2015년 138
2016년 288
2017년 310
2018년 328

자료:기획재정부,한국경제연구원

우리나라의 정치 지도자는 어떠할까요? 대통령이 나서는 것은 당연하겠지만, 국회의 입법권을 쥐고 있는 국회의원들은 어떤 자세일까요? 한국기업의 규제를 풀지 못하고 옥죄이고 있는데 외국기업유치가 가능한 일이겠습니까?

한국기업이 해외사업에 진출하는 것과 한국사업이 문닫게 되어 아예 해외로 이주해 버리는 경우와는 전혀 다른 것입니다. 위 ⟨S11⟩에서 보는 바와 같이 수 많이 한국기업이 아예 해외로 이주해 버리는 사태가 점점 더 확대되고 있습니다. 2018

년에만 328억달러의 해외유출순투자금이 발생하였습니다. 328억달러에 환율을 달러당 1100원으로 하면 36조800억원정도 됩니다. 이 돈은 연생량 자동차 30만대 자동차를 생산하는 공장을 건설하는 비용입니다. 1년에 36개 자동차 공장이 해외로 나가는 셈입니다. 우리나라의 도와 광역시 마다 자동차 공장을 두 개씩 짓고도 남을 정도입니다.

3. 해결방안

이런 문제들은 어떻게 해소할 수 있을까요?

아일랜드와 중공의 경험에 의하면 법인세율이 가장 큰 문제라고 이야기 할 수 있습니다.

다음으로는, 전문 경영인이 비교적 적고 가족경영이 중심을 이루고 있는 우리나라의 경우 상속세 문제는 무엇보다도 중요한 문제입니다. 우리 나라 민간기업의 99.9%는 가족경영입니다. 가족경영의 핵심은 경영안정화가 상속에 의하여 잘 이루어질 수 있는 것인지가 관건입니다. 상속세 부담이 지나치면 가족경영은 물 건너갈 가능성이 크기 때문입니다.

다음으로는 전반적인 기업 환경에 관한 문제입니다.

정부의 역할 또한 이에 맞추어서 규제를 최소화하고 인센티브를 최대화 하여야 합니다. 또한 보상을 넘어서 기업활동의 자유를 궁극적으로 보장해 주어야 합니다. 기업이 주도성(Autonomy), 전문성(Mastery), 목적성(Purpose)을 지향하도록 환경을 조성하는 일이 더욱 중요합니다. 주도성은 우리 삶의 방향을 결정하고 싶어하는 욕망이고, 전문성은 좀 더 잘 하고자 하는 욕망이며, 목적성은 뭔가 의미있고, 중요한 일을 하고 싶은 욕망을 말합니다. 이런 기업의 자유가 보장되지 않는 한 국내기업의 번창은 물론이고 성공적인 외국기업의 유치는 사실상 불가능에 가깝다고 보아야 할 것입니다.

"소득불평등", "빈곤"

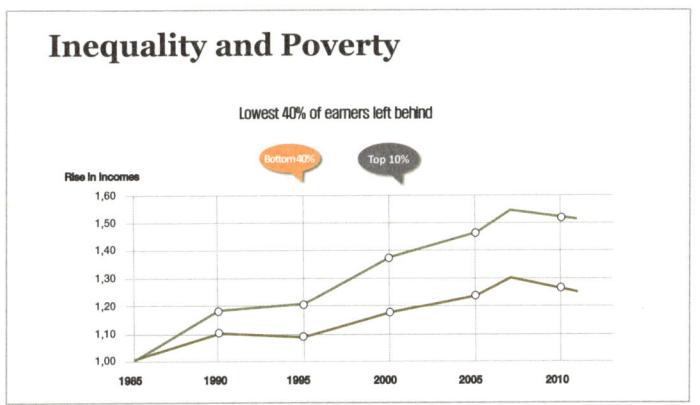

우리 사회에서는 한편에서는 위와 같은 경제성장을 이야기하지만 다른 한편으로는 소득 불평등과 빈곤을 이야기합니다. 경제성장을 하여도 부가 빈곤을 해소하지 못하고 오히려 부자를 더욱 부유하게, 가난한 자를 더욱 빈곤하게 만든다라는 담론이 있습니다.

그러나 부익부 빈익빈 이라는 구호는 다분히 선동적인 입니다. 왜냐하면 경제가 성장할수록 가난의 정도가 조금씩이라도 나아지면 나아지지 더 가난해지지는 않기 때문입니다. 정확히는 부익부 빈익빈 이 아니라 부익부(富益富) 빈점부(貧漸富)

인 셈입니다. 가난한 사람도 조금씩이라도 나아집니다. 우리가 1970년대 이후 산업화 시대에 극심한 가난을 물리쳤습니다. 필자가 초·중·고 시절에도 굶는 사람이 많았으나 지금은 그 정도는 적어도 아니지 않습니까?

경제성장은 제로섬 게임이 아닙니다. 어느 한쪽이 가져가면 다른 한쪽은 그만큼 빼앗기는 것이 경제 성장이 아니지 않습니까? 물론 기술이 발전하고 로봇이 돌아가고, 플랫폼이 경제를 지배하는 시대가 되어 부자들의 부는 더욱더 빠른 속도로 증가할 수는 있습니다.

그러나 이렇게 거두어들인 경제성장의 과실로 국가의 사회적 안전망을 구축할 수 있고 경제가 성장함에 따라 만들어진 일자리를 잘 유지할 수 있다면 즉 현명한 경제 시스템을 운영한다면 당연히 가난한 사람들의 빈곤상황을 대폭 개선할 수 있습니다. 그러나, 경제성장 없이 사회가 풍요로워지는 일은 있을 수 없습니다.

"부익부 빈익빈"?

우리 사회일각에서는 여전히 경제가 성장하면 할수록 소득도 부익부 빈익빈 현상이 나타난다고 여전히 주장합니다. 그래서 Trickle Down[12] 이라는 것도 생각만큼 일어나지 않는다고 주장합니다. 그러나, "부익부 빈익빈"- 부자는 더욱 부유해지고 가난한 자는 더 가난해 진다-는 이야기는 마치 맬서스의 인구론[13]을 연상시키는 이야기입니다.

인구는 기하급수적으로, 식량은 산술급수적으로 증가하니 전 세계가 식량위기를 맞을 것이라는 맬서스의 인구론은 출판연도인 1789년도 이래 현재까지 오류임이 명백하여졌습니다. 맬서스의 인구론은 '식량은 산술급수적 성장 법칙을 따른다' '인구는 기하급수적 성장 법칙을 따른다' '노동자 계층이나 하위 계층 사람들 대다수는 물질적 생활 조건을 개선하기 위해 출산율을 높인다'는 세 가지 전제에서 출발합니다. 그러나, 식

---

12) 낙수 경제(落水經濟, 영어: trickle-down economics) 또는 낙수 이론(落水理論, 영어: trickle-down theory)은 대기업의 성장을 장려하면 중장기적으로 보았을 때 중소기업과 소비자에게 긍정적인 영향을 미쳐서 총체적으로 경기가 부흥한다는 주장을 말합니다.
13) 1798년 영국 런던에서 간행. 역사상 가장 영향력 있는 책 가운데 하나로 알려져 있습니다

량생산이 산술급수적으로 증가하는 것이 아니라 기하급수적으로 생산증가가 이루어진다는 것이 밝혀졌기 때문입니다[14]. 물론 출산율감소가 이어지는 요즘에는 더더욱 인구가 기하급수적으로 증가한다는 전제는 맞지 않지요. 그렇지만 우리 인간의 뇌리에 밝힌 맬서스의 인구론 이야기는 여전히 눈앞에서 지금도 어른거리기도 하지요. 부익부 빈익빈 또한 이 같은 상황입니다. 우리의 산업화 경험으로 가난한 사람의 수도 줄고, 그 정도도 줄었음에도 말입니다.

소득상위 계층과 소득 하위 계층간의 소득격차가 시간의 경과에 따라 점점 더 커진다는 것은 통계상 나타나 있는 것은 사실입니다. 그러나, 시간이 흐르고 경제가 성장함에 따라 가난한 사람도 종전보다는 덜 가난하게 된다는 것입니다. 우리 역사 경험에도 사회적 안전망이 도입된 이래 최하위 계층의 생존 여건은 점차 개선되고 있다고 할 수 있습니다 그러나 경제성장이 멈추면 부자도 더 가난하게 되고 가난한 사람은 더욱 더 가난하게 되는 것은 필지의 사실입니다. 경제가 성장하면 부익빈, 빈익빈이 富益富, 貧漸富로 갈 수 있고, 실제로 우리나라의 산업화 과정이 이와 같은 것이었습니다. 굶어 죽는 인구가 크게 감소하지 않았습니까?

---

14) 헤르비히 비르크, '사라져가는 세대'(플래닛미디어) 라는 책에서 "맬서스의 인구론은 인구 변동사를 통해 이미 오래 전에 그릇된 것으로 판명이 났음에도 여전히 중요하게 다뤄지고 있다"고 비판하고 있습니다.

정치적 해법

　소득 불평등, 이른바 양극화 문제는 어떻게 해결하여야 하는가요? 소득 불평등 문제보다 보다 근본적인 문제는 절대적 빈곤의 문제입니다. 개인의 자유와 창의성을 바탕으로 경제성장을 이끌어 내자면 경제적인 부의 불평등은 생길 수밖에 없습니다. 그러나, 소득하위 계층도 최저 생계비이상을 벌 수 있고, 인간다운 삶을 유지할 수 있다면 시장경제의 경제시스템은 그나마 합격점을 받을 수 있을 것입니다. 그러나, 빈곤이 소득불평등으로 야기된 것이라는 선입견을 심어주는 것은 적절한 것인지 모르겠습니다. 역사적인 의미에서 공산주의, 사회주의 혁명을 위한 정치적 목적을 위하여 이런 정치적 목적이 주효하였습니다. 소득불평등은 빈곤층이 부를 축적할 기회가 박탈되었기 때문이라는 의미를 갖고 있으니까 말이죠.

　그러나 소득불평등이라는 문제해결로 빈곤의 문제를 극복할 수 있을까요? 극단적으로 소득이 공평하여도 빈곤은 더 심화될 수 있습니다. 저개발국이나 북한 같은 독재국가들의 소득평등이 빈곤문제를 해결하지 못하고 있지 않습니까?

그러나 정치권에는 여전히 빈곤 문제와 소득 불평등 문제에 관하여 다른 레토릭rhetoric도 존재합니다. 부유한 계층보다 가난한 계층의 국민이 더 많으니 선거에서의 투표를 염두에 둔다면 이들에게 영합할 수 있는 정치적 구호가 필요한 것입니다. 그래서 역사적으로 반복되는 슬로건이 분노와 적개심입니다.

마치 부유한 사람들은 가난한 사람들을 가난하게 만든 장본인인 것처럼 선동하는 것입니다. "현재 제도가 부자를 위한 제도이고 가난한 자를 위한 배려는 없다."라고 말입니다. 아니면 있다하더라도 더 만들어야 한다고 말입니다. 가난한 자가 부유해 지려면 모든 정책의 초점도 가난한 자를 위한 방향으로 맞추어져야 하고 제도의 틀도 그렇게 바꾸어야 한다는 것입니다.

그러나, 세상은 가난한 사람들만을 위하여 존재하는 것도 아니고 부유한 사람들만을 위하여 존재하는 것도 아닙니다. 그 모두가 서로 의존하고 서로 도와야 하는 관계에 있는 것입니다. 상생이 아니더라도 적대와 분노로 일방에 대한 박멸과 타도라는 주장은 결국 종착역이 너무나 뻔한, 즉 양쪽 모두에게 파멸적이기 때문입니다. 어느 한 시기를 기준으로 횡단적으로 잘라 보면 이렇게 얘기할 수 있지만 시간대를 좀 길게 잡아, 종단적으로 관찰하여 보면 가난한 자가 부자가 되기도 하고 부자가 가난한 자가 되기도 하는 것입니다. 더 나아가 선대는 부자이었으나, 후대가 가난하기도 하고, 한 나라전체가 잘 살다가도 가난한 나라로 전락하는 경우도 있습니다. 여기에 부라는 관점 뿐만 아니라 자아실현이나 인생의 가치까지 더하여 놓으면 다른 사람의 삶을 파괴할 정도의 분노와 적개심은 사실상 의미가 없다는 것을 알 수 있습니다. 그러나 여기서는 이같은 종교적, 철학적인 문제는 잠시 논외로 하기로 하겠습니다.

분노와 적개심을 정치적으로 어떻게 이용하는지 우리는 역사적인 경험에서 잘 알 수 있습니다 레닌과 스탈린이 그리하였고, 마오쩌둥이 그리하였습니다. 쿠바의 카스트로도 그렇고 북한 정권의 가짜 김일성도 마찬가지입니다. 캄보디아 폴 포트 정권이 그리하였고, 나찌의 히틀러가 그리하였습니다. 지금 러시아의 푸틴은 존재하지도 않는 네오나찌에 대한 분노와 적개심을 내걸며 우크라이나를 침공하였습니다.

그러나 순전히 경제적인 측면에서는 레닌과 스탈린, 그리고 마오쩌둥이 규모면에서 단연 독보적인 존재라고 할 수 있습니다. 어떻게 구체적으로 활용하여 왔는지 관하여 여러 분들이 보다 생생하게 이해하려면 조지 오웰의 동물농장을 생각하여 보시면 쉽게 알 수 있을 것입니다. 자신들은 동물들을 위하여 주인인 인간을 내쫓고 이른바 동물농장 혁명을 한 것이라고 주장하지요. 그러나, 결과적으로는 남은 것은 인간을 대신하여 혁명을 일으킨 소수의 돼지들이 인간보다 더한 권세와 핍박을 다른 동물에게 가하는 것으로 귀결됩니다.

권력을 차지하기 까지 얼마나 많은 분노와 적개심을 활용하고, 사탕발림의 슬로건을 내 놓았는지, 그리고 다른 동물들이 자신을 잘 이해해 주는, 인간 대신, 동물들이 리더가 되면 좋겠다는 확신을 갖는 순간 그들은 더 없는 악마로 변신하는 것입니다.

　얼마전 동아일보에 한 컬럼니스트가 이태원 참사를 수단으로 삼지 않는 것이 예의라면서 올린 컬럼에 가짜 리더의 면모를 잘 알 수 있는 글을 실었습니다.[15] "러시아에서 공산주의 혁명을 성공시킨 블라디미르 레닌. 그는 22세 때 기근으로 죽어가는 농민을 도우려고 모금을 하는 친구를 설득해 그만두게 했다. '굶주림이 진보적인 역할을 수행해 농민들이 자본주의 사회의 근본적인 현실에 대해 숙고하게 만들어 줄 것'이라는 이유에서였다. 역사학자이자 저널리스트인 폴 존슨은 저서 '모던 타임스'에서 "레닌 자신은 실존하는 인간에게 사랑을 나타낸 적이 거의 없었고 관심조차 없었다"고 평가했다. 레닌에게 기근으로 죽어가는 농민에 대한 연민은 없었다. 그들의 굶주림은 혁명이라는 목적을 달성하기 위한 수단이었다." 이런 일은 현재 진행형입니다. 이태원 참사에서 보듯이 말입니다. 세월호 참사에서도 "고맙다"는 표현도 이해하기 어려운 면이 있지요. 레닌 같은 공산주의자들은 동지적 신뢰관계 확보가 혁명을 위하여 중요하다고 하면서도 "진정 혁명가 조직은

---

15) [박제균 칼럼]참사를 수단으로 삼지 않는 예의 - 동아일보 https://www.donga.com › news › Opinion › article › all

불필요한 조직원들을 제거하기 위하여 물러서는 법이 없어야 한다"고 하는 냉혹함을 전제로 하는 인물들이니 이들에게 서민의 아픔은 단지 권력쟁취의 수단일 뿐이지요.

소득 불평등과 빈곤을 진정 해결하려고 하는 자보다 이들의 어려움을 정치적으로 이용하려는 자들이 훨씬 연기력이 뛰어납니다. 그러나, 그 같은 표리부동한 정치꾼보다는 솔직한 지도자가 문제 해결에 더 적합합니다.

샤를 드골 전 프랑스 대통령이 이런 이야기를 하였습니다. "정치인은 주인이 되기 위해 머슴행세를 하는 사람이다" 라고 말입니다. 아예 이렇게 처음부터 솔직하게 위선자들이 많음을 고백하는 것입니다. 레닌보다 드골이 훨씬 더 솔직하지 않습니까? 아무튼 여러분, 우리 모두 그러한 속임수에 속지 말아야 합니다. 머슴 행세를 잘 하기 위해 자기가 머슴출신이라는 것을 강조하는 사람도 경계해야 합니다. 머슴출신이라고 하여 국민을 잘 섬긴다는 보장도 없습니다. 후에 오히려 억눌러왔던 욕망이 주인이 되는 순간 분출할 가능성도 크기 때문입니다. 바른 리더를 알아보는 일은 쉽지 않지만, 분노와 적개심을 조장하는 사람들은 더욱 경계하여야 합니다. 그리고, 모든 사람들이 깨어 있다면 바른 지도자를 선택할 수 있을 것입니다.

이 같은 소득 불평등과 빈곤문제를 해결하기 위한 방편으로 우리 정치권의 한편에서는, 재벌개혁 혹은 재벌해체, 지주회사 경제민주화 등의 방법을 줄곧 주창해 왔습니다.

위에 나온 조지 오웰의 소설 동물농장의 결과를 보면 대충 분노와 적개심의 종착점을 알 수 있습니다. 이런 분노와 적개심이 지배층 즉, 이너서클을 바꾸기 위한 수단으로 전락하고, 진정한 풍요로운 사회로 가는 성장의 길을 만들지 못하였습니다.

재벌개혁과 지주회사

재벌개혁에 관한 핵심(gist)은 쥐꼬리만한 지분을 가지고 어떻게 그 수많은 계열사를 지배·호령하느냐? 뭐 그런 거라고 할 수 있습니다. 그러나 지분이 하나도 없는 전문 경영인도 수많은 계열사를 거느리며 회장을 하는데, 그런 점은 도외시하고, 소수지분권자가 수 많은 계열사를 지배. 통제하면 문제가 있다 이런 얘기인 겁니다. 또, 언제 부터인가 지주회사체제로 전환해라. 순환출자 구조 등 이런 거 복잡하지 않느냐? 눈에 잘 보이는 깔끔한 지주회사로 바꿔라 그런 이야기들이 담론으로 등장해 우리 경제계를 옥죄고 있지요.

그런데, 그게 상식에 안 맞는 얘기이지요. 눈에 보기 좋고, 단순한 구조라 그래서 그게 일자리를 만들어 내고 경제를 성장시키는 것인가요? 절대로 그런 건 아니지요. 그렇게 간단하게 될 일이면 그 어느 나라가 부국이 되지 않았겠어요? 그 어느 회사가 거대회사로 성장하지 않았겠습니까?

아니 더 나아가 재벌해체까지 주장하는 야당도 있습니다. 그러면 일본식 재벌해체 방법대로, 금융기관들이 대기업의 지배주주의 주식을 사서 기업을 운영하면 절로 경쟁력이 생기나요? 우리 나라의 금융회사들은 자기들의 금융사업 영역에서조차 국제경쟁력이 세계 하위권에 머무르고 있고, 지배구조는 셀프추천을 통한 자기영속화(self-perpetuating) 경향을 보이고 있는데, 그런 전문경영인을 앉힌다고 경제가 절로 좋아지나요? 천만의 말씀이지요.

다른 한편에서는, 경제민주화라는 담론을 꺼내서 마치 정치가 민주화 되면, 리더십이 바뀌듯이 경제도 리더십이 바뀌어야 된다는 걸 암시하는 아주 이상한 레토릭을 만들어 내고 있는 게 현실입니다. 그것은 이른바 "의도되지 아니한 결과"로 한 물 건너간 소수 주주권 운동으로 발전하고, 재벌개혁 연대니 뭐 이런 것들을 촉발시킨 계기가 된 것입니다.

좀 더 부연하여 보기로 합시다.

우선, 재벌개혁은 어떤 것일까요? 우선 재벌이라는 무엇일까요? 우리가 재벌이라 부르는 것은 삼성, 현대차, SK, LG 등 대기업을 말합니다. 부정적으로 말할 때는 재벌이고, 긍정적인 이야기를 할 때는 대기업이라고 부르는 것이 바로 재벌인 셈입니다. 재벌이라는 것이 우리나라에만 있는 것으로 아직도 생각하는 사람들이 있습니다. 그러나 재벌의 시초는 "자이바츠"라는 일본기업 집단에서 유래된 것입니다. 이를 한자 그대로 우리 식으로 옮긴 것이 재벌입니다. 같은 계열의 회사들이 선단(船團)식 경영을 하던 것을 일본에서 재벌이라고 불렀지요. 일본에서 2차 대전 종전까지 재벌이 성행했습니다. 미츠비시·미스이, 스미토모 등이 그런 재벌이었으며, 그들이 또한 군수공업의 핵심 기지였습니다. 일본이 제2차대전에 패전하고 점령군 사령관인 맥아더가 일본의 이같은 군국주의에 싹을 자르기 위하여 당시에 존재하던 거대 재벌을 모두 해체했습니다. 어떤 식으로 했느냐고요?

재벌의 주식을 가지고 있는 지배주주들의 주식을 강제로 팔도록 했습니다. 좀 더 구체적으로 보면 1946년에서부터 1950년 까지의 이야기입니다. 이때 동원된 수단이 바로 기존 재벌들이 가지고 있던 지배구조인 지주회사를 해체하는 것이었습니다. 83개의 지주회사 중 순수지주회사 28개사는 해산하고, 사업지주회사의 주식은 처분하도록 하였습니다. 또한 재벌가족의 기업 지배력을 배제하기 위한 법도 만들었습니다. 이른바 재벌동족지배력배제법이라고 하여 임원취업도 금지하고, 소유주식 처분하게 하였습니다. 한발 더 나아가 우리나라의 공정거래법에 해당하는 독점금지법에 지주회사는 이유여하를 불문하고 "그 자체가 위법(Per Se Illegal)"이라고 대못을 박았습니다. 일본 군국주의의 기반이 재벌이라고 보았던 것입니다. 이들이 만든 군수산업이 결국 전쟁으로 이어졌다는 생각이었습니다. 이 주식을 사들인 것이 일본의 금융기관들입니다. 특히 보험회사가 많이 사들였습니다. 장기자금이 충분하니까요. 그리고 종전 재벌과 관련이 있는 가족들은 먼 친척 까지도 그 회사의 고용원이 될 수 없게 만들어 버렸습니다. 그래서 가족기업 중심의 재벌들이 하루아침에 전문 경영인시대를 맞이하는 회사가 되고 말았지요. 그러다가, 일본이 잃어버린 20년이 흐르면서 금융부문부터 지주회사를 해금하기 시작한 겁니다. 우리도 이를 받아 김대중 정부때 재벌개혁의 수단으로 지주회사를 권장하였고, 그 후 점차 지주회사에 대한 세제 혜택등으로 이를 강화하는 방향으로 진행하였습니다. 참으로 아이러니컬 하지 않나요? 재벌해체의 수단이 지주회사의 불법화 이었는데 도리어 우리나라는 지주회사가 소위 재벌개혁을 주창하는 자들에 의하여 권장되는 상황이 되었으니 말입니다.

경제민주화

다음으로 경제민주화에 대하여 봅시다.

어느 정부에서도 정부정책으로 공식적으로 집행된 바는 없으나, 경제민주화라는 화두로 경제에 대한 특히 재벌에 대한 규제와 간섭이 가중되어 왔습니다. 이러한 움직임을 바탕으로 법령이 만들어질 경우, 그 영향이 재벌이라고 불리는 대기업뿐만 아니라 중견, 중소기업에도 영향을 미치게 됩니다. 이러한 점에서 경제민주화는 보이지 않는 경제정책이라고도 할 수 있을 것입니다.

그러나, 그 개념의 모호성 때문에 세계적인 추세와 다른 방향으로 기업에 대한 규제가 이루어지게 됩니다. 이런 이유로 시민단체들이 앞다투어, 경제민주화 프레임을 내걸고, 즉, "경제민주화를 포기하였다" 든가, "경제민주화의 후퇴이다" 등으로, 친기업정책에 비난을 퍼부어 기업을 옥죄어 왔습니다.

경제민주화의 핵심 요지는, 거대 경제세력이 사회의 모든 세력을 지배하는 것을 막자는 것이라고 합니다. 우리나라가 과거에 행한 재벌의 비업무용 부동산매각도 헌법상 경제민주화 조항 덕분이라고 말하기도 합니다. 그러나 이러한 주장은 법리적 측면과 구체적 측면 모두에서 정당한 주장이라고 하기가 어렵습니다. 헌법상 이 같은 조항이 없다고 하여 이 같은 조치를 못할 아무런 근거도 없고, 우리 공정거래법상 조치로 경제력 집중을 얼마든지 방지할 수 있습니다. 더 근본적으로는, 대한민국은 민주적 선거에 의한 의원들의 입법으로 미국의 서면 법과 같은 규제가 똑같이 가능하기 때문입니다. 오히려 내용없는 추상적인 레토릭으로, 기업의 지배주주가 정치분야에서의 리더십의 교체가 이루어지듯이, 지배주주의 교체가 이루어져야 한다는 주장으로도 오해될 수도 있습니다.

재벌에 의한 사회지배란 있을 수 없는 일입니다. 재벌이 법률을 통하지 않고 사회를 지배한다는 것이 가능한 일도 아닐 뿐만 아니라, 오히려, 정치권력이 재벌을 이용하려고 하는 측면이 더 크다고 할 수 있습니다. 재벌은 다른 말로 표현하면, 위에서 본 바와 같이 대기업입니다. 대기업의 주주를 특정하여 비판적으로 재벌이라고 부른다면, 대기업의 대다수 지분을 소유하고 있는 외국 투자가들은 뭐라고 불러야 할 것인가요?

경제민주화가 재벌때리기 한 양상으로 주주권 강화 운동을 벌여온 소수주주 운동가들과 다를 바가 없습니다. 실제로 문재인 정부의 공정거래 위원장은 국무회의에 늦게 참석하면서,

재벌 때리고 오느라 늦었다고 공공연히 이야기하던 장면을 기억하실 겁니다. 본인이 정부에 들어오기 전에 소수주주권 운동을 벌여서 그런 것인지 모르겠습니다만, 위에서 적은 사심자용(師心自用: 선입견으로 주관적인 관념을 가지고, 자신이 이런 것이 옳다고 생각하면 곧 옳은 것으로 여기는 것)입니다. 그들의 공격은, 소수주주를 보호하려면 적은 지분으로 수많은 계열사를 지배·통제하는 것은 바람직하지 않다는 데부터 시작하여, 배당을 늘리라는 요구까지 온갖 규제와 비난을 서슴지 않고 쏟아내고 있습니다. 그러나, 소수지분으로 재벌회사를 통제하는 것과 아예 지분을 하나도 갖지 않은 전문경영인이 재벌회사를 통제하는 것이 다른가요? 그나마도 주인의 의식이 있어, 재벌이 망한 경우 압박이라도 하고 책임을 물을 수도 있는 것이 더 낫지 않습니까?

자본주의 역사가 길어질수록 창업주의 지분은 희석되게 마련이고, 이러한 지분희석현상은 그만큼 사업이 확장되어 외부주주들이 많아졌다는 증거일 뿐입니다. 주주권 강화하는 운동도 그래서 오히려 지금은 시대에 뒤떨어진 지난 날의 유물이 되었습니다. 지금 추세는 shareholder(주주)의 지위를 강화하는 것이 아니라, stakeholder(이해관계인: 직원을 포함한 고객, 지역사회 등 광범위한 이해관계를 맺고 있는 자)들의 이익을 위하여 기업이 존재해야 한다는 것이 요즘의 추세입니다. 영국은 아예 corporate governance에 이를 명시하기에 이르기까지 하였습니다.

경제민주화가 내용 없이 진행되다 보니 이상하게 주주권 강화 운동 내지 재벌 때리기 운동으로 발전하는 것입니다. 그러나 젊은이들은 양질의 일자리를 선호합니다. 그래서, 대부분 대기업으로 가려하고, 중견. 중소기업을 외면하는 게 오늘의 현실입니다. 우리 중소기업이나 중견기업의 대기업 의존도 또한 산업에 따라 다르기는 하지만 주력산업인 자동차나 전자의 경우 70-80%에 이릅니다. 이제는 이런 소모적인 거대담론에 매몰되어 나라를 망치는 우를 더 이상 범하지 말아야 할 것입니다.

4. 시스템디톡스

이제까지 우리 사회는 다양한 이해관계를 반영하여 복잡다기한 경제시스템을 운영하여 왔습니다. 이제 우리는 다시 우리의 시스템을 한번 다시 점검해 볼 필요가 있습니다. 어떤 제도는 우리 경제에 독이 되는 것들도 있습니다. 이런 독성을 지닌 제도는 걸러내야 합니다. 그것도 지속적으로 독성을 제거하여야 합니다. 즉 디톡스를 하여야 합니다. 저는 마치 몸속의 독성을 배출하듯이 경제시스템의 부전을 일으키는 요소들을 제거하는 의미에서 이를 "시스템디톡스" 라고 이름을 붙여보았습니다.

우리가 살아 있는 동안에 계속 독성에 노출될 수밖에 없듯이, 국가 경제시스템도 세월이 흐르면서 다양한 이해관계를 반영하다 보니까 그 동안 쌓여 있는 독소가 너무 많아 진 겁니다. 이런 상태에서 뭘 하나를 해보겠다고 다른 걸 더 넣으면, 더 엉키게 되는 겁니다. 마치 변기가 막혔는데 물을 내리면 더 엉망이 되는 것과 비슷한 거 아닌가 싶습니다. 그리고 때로는, 해결책이랍시고 집어 넣은 게 그게 더 독성을 유발합니다. 이걸 전문적으로 약리학에서 대사적 활성화(metabolism activation)라고 합니다. 그런데, 우리가 그런 것을 하고 있는 건 아닌지 생각해봐야 합니다. 뭐 하나가 좋다 그래서 하나 만들고, 다시 저것도 좋은 제도이다 그러면서 다시 하나 제도화 하고 이렇게 두서없이 시스템을 도입. 운용하는 것은 대사적 활성화를 가져 오는 첩경이 될 것입니다. **부작용** 없는 약이 없듯이 부작용 없는 제도는 없기 때문입니다. <u>긍정적 효과와 부정적 효과가 늘 함께 오는 것입니다.</u> 유무상통하고, 음양이 동아줄처럼 꼬여 있다는 이야기도 이러한 경제사회시스템에 그대로 적용된다고 할 수 있습니다.

知所先後即近道矣

그러면 소득 불평등이나 빈곤에 관한 문제에 관한 해법이 무엇인가요?

해법이 구체적으로 어떤 것이 있는 지에 관하여는 일일이 지금 이자리에서 구체적으로 말씀드릴 수 없습니다마는 큰 담론만을 이야기하면, 우리가 우선순위를 잘 가려서 제도를 정비하면 된다라는 생각입니다.

동양의 리더십에 관한 고전이라고 할 수 있는 대학大學이라는 책에 나오는 얘기도 동일합니다. 무엇을 먼저하고 무엇을 나중에 해야 하는 지, 즉 무엇이 중요한지를 알면, 도에 가깝다 그런 얘기입니다. 그 근거는 모든 사물에는 원래 본체 혹은 핵심과 주변 혹은 말단이 있고, 모든 일에는 시작과 끝이 있기 때문에 그걸 잘 가려 하면 된다는 것이지요. 이는 지극히 자명하고도 간단한 원리이나 사실 그것을 적용하는 일은 그다지 쉬운 일이 아닙니다. 그러나, 이러한 생각으로 정책을 수립.집행하는 것과 그러한 생각없이 정책을 만들거나 집행하는 것과는 그 결과는 천양지차(天壤之差)입니다. 우리 경험상으로도 3가지 정도의 구체적인 예를 들 수 있을 것 같습니다.

그 첫째는 소득주도성장 정책입니다. 최저임금을 급격히 인상하고, 주52 시간제를 업종과 산업에 구분없이 보편적으로 시행한 것입니다. 그래서 많은 자영업자들이 고통을 겪었고, 최저임금 수준 미만이라도 일할 자리를 찾을 수 있었던 근로자들이 더 이상 일할 자리조차 없어지게 하는 효과를 나았고, 52시간제로 일자리 나누기를 하려던 정부의 의도와는 달리 아예 고용을 더 줄이게 되어 경제가 더 빈사상태로 빠지게 된 것이 바로 문재인 정부 때에 경험입니다. 선후가 뒤바뀐 정책을 집행하였기 때문입니다. 최저임금인상은 경제가 좋아져서 인력이 부족하게 되는 상황이 오면 당연히 오를 수 밖에 없다는 점은 자명합니다만, 그렇지 않더라도, 업종과 지역 등 다양한 요인을 고려하여 경제에 부담이 없게 하여야 노사모두에게 도움이 되는 것이지요.

다른 또 하나의 예로는 노무현정부 시절의 일자리 창출 정책의 전체적인 그림이 고용된 이후의 상황을 중심으로, 즉 고용노동부 중심의 정책처럼 보이는 점입니다. 일자리 창출 정책은 인간의 존엄과 가치를 지켜주는 정책이라는 의미에서 그리고 더 나은 생활을 위한 희망의 정책이란 점에서 경제분야에서 최우선시 되어야 하는 정책입니다. 그런데 이를 총괄적으로 지휘하는 부서가 고용노동부처럼 보이는 것도 앞뒤가 바뀐 듯 합니다. 우선 일자리를 만들고 난 후에 고려할 사항임에도, 마치 일자리는 이미 만들어진 것을 전제로 정책을 세운 격입니다. 급하다고 바늘허리에 실매어 쓰려는 것과 다름없습니다. 알묘조장(揠苗助長)정책이라고 이름 지을 수 있을 것입니다.

다른 또 하나는 문재인 정부 시절에 뿐만 아니라 지금 시절에도 동일합니다만, 입법부가 일당독주에 휘둘리면서 그로 인하여 입법과정에 필요한 입법사실을 확정도 하지 아니한 채 법률을 남발하는 것입니다. 입법을 하기 위하여 정확한 사실 파악과 그로 인한 효과를 충분히 검증하여 본 다음 입법을 하여야 함에도 그 과정을 생략하고 몇몇 목표를 위하여 반드시 거쳐야 할 과정을 생략하여 지나치게 밀어붙이는 것 또한 앞뒤가 바뀐 입법행태라고 할 수 있을 것입니다.

이러한 지소선후의 교훈을 염두에 두고 우리가 시스템디톡스를 생각해 봐야 된다는 것입니다.

양극화 문제에 관하여 이를 적용하여 봅시다.

우리의 역사적 경험에서 해결의 실마리를 찾을 수 있습니다. 이미 양극화 문제에 관해서 우리가 직접 경험을 했는데도 그 경험을 살리지 못하고 있습니다. 당하고도 그 경험을 살리지 못하면 참 안타까운 일이지요. 이 경험은 굳이 역사라고 할 것 까지도 없습니다. 그다지 오래 되지 않은 우리가 겪은 생생한 경험이기 때문입니다.

소득 양극화를 측정하는 기준 중에 가장 알려진 게 소위 5분위 배율입니다. 소득 5분위란, - 국민의 소득을 5구간으로 나누어서 분류한 계층별 분류이며, 5분위는 최상위 20%, 반대로 1분위는 소득 하위 20%를 나타냅니다. 쉽게 말해 소득분위의 숫자가 높을수록 고소득을 의미합니다.

100%를 5등분하여, 상위 20% 소득이 하위 20 퍼센트의 소득의 얼마가 되느냐, 즉 몇 배가 되느냐 그게 기준인 겁니다. 그래서 소득5분위 배율이라고 하는 데 소득양극화 측정기준으로 통상적으로 많이 쓰이는데, 외환위기를 중심으로, 위기 극복 과정, 그리고 노무현 때 자산 폭등 과정에서 5분위배율의 변화를 살펴 보려 합니다.

5분위 배율의 변화는 소득불평등의 변화를 가장 잘 나타내는 지표입니다. 위 양자는 정비례 관계에 있습니다. 즉, 소득

양극화의 수준은 '균등화 처분가능소득 5분위 배율'의 수준이라고 할 수 있습니다. 따라서 이를 보기로 하겠습니다.

외환위기전후의 소득양극화

	1/5분위 (하위20% 소득 점유율)	2/5	3/5	4/5	5/5 (상위20% 소득 점유율)	5분위배율 (불평등정도)
1996	8.60 ∨	13.96	17.82	22.77	36.85	**4.28** ∧
2000	6.96 ∨	12.54	16.88	22.09	41.53	**5.97** ∧
2003	6.25	12.49	17.27	23.43	40.56	**6.49**

우리 나라가 외환위기를 겪기 이전인 1996년도의 5분위 배율은 4.28 이었습니다. 상위 20% 소득이 하위 20% 소득의 4.2배 정도였습니다. 그런데, 외환위기가 99년에 끝났다고 그러지요? 그래서 그 다음 연도인 2000년이 되고 보니, 이 5분위 배율이 오히려 늘어났어요. 5.97로 약 6배 정도까지 된 것이지요. 외환위기 극복이 이전 상태로의 소득불평등 정도로 되돌려 주지 못한 것이지요. 그 원인은 아래 다시 보기로 합니다. 2003년에는 노무현의 정부의 자산 가격 폭등이 일어나기 시작한 시점입니다. 그 이후 연도를 살펴 보면 더 늘어나 있을 겁니다. 아무튼 2003년도의 5분위 배율도 6.94로 더 커지게 됩니다. 소득양극화완화 혹은 분배정책에 우선 순위를 둔 민주화 운동권 정부가 위 소득양극화를 더 벌여 놓은 결과가 되었습니다.

이러한 자료를 보고 무엇을 배울 수 있을까요?

YS정부 - 외환위기

1997 외환위기 : 일자리 상실; 실업자 수 **60여만명에서 2배로 폭증**

한국경제연구원. IMF 구제금융 충격에서 벗어나던 1999년 12월 'IMF 경제위기 이후의 산업기반 변화와 구조조정 실태분석' 보고서

조사 대상은 전국 311개 기업으로 종업원 5~49인의 영세 기업 105개, 50~299인의 중견기업 111개, 300인 이상 대기업 95개.

YS정부 - 외환위기

대기업 75.8%, 중견기업 64%, 영세기업 61.9%가 인력 정리해고.

1996년 조사 기업의 평균 종업원 수는 396.4명이었으나 1998년에는 328.3명으로 급감.

인력 조정 부문은 사무직(38.5%), 단순노무직(37.5%)에 쏠렸고 고급 기술 인력 조정은 4.3%에 그쳤다. **구조조정 직급은 사원급(56.5%)에 집중**.

실업자수의 폭증 _{매경, 이종혁 기자입력 : 2020.03.25 17:55:16 수정 : 2020.03.25 19:40:11}

국제통화기금(IMF) 구제금융 한파 직전인 1997년 12월 국내 실업률은 3.1%, 실업자 수는 **65만**8000명.

한 달 후 각각 4.5%, **93만**4000명으로 증가.

실업자 수는 2월 사상 첫 **100만명**(123만5000명)을 돌파한 이래 약 25개월간 100만명대 유지.

외환위기 이전에 실업자 60여만명이었습니다. 그런데 외환위기가 발생하고 나서 불과 1년도 지나지 않아 사실은 거의 두 달도 안되어 실업자 수가 두 배 이상 급증했습니다. 그리고 구조 조정 대상이 된 사람은 대부분 하위직이었습니다. 단순 사무직, 단순노무직 이런 사람들이 불과 몇 개월 사이에 실업자로 전락하였습니다. 갑자기 일자리가 없어지는 것은 소득이 0 이 된 것이지요. 그러니 하위직 소득점유율이 급락할 수 밖에 없지요.

외환위기가 김대중 정부 때 극복했다고 하지만, 사실상은 下石上臺(아랫돌 빼어 윗 돌 괴기)이었지요. 한마디로 정리하면, 국가부문의 부채가 민간 부문으로 전이된 것에 불과하다고 생각합니다.

정부 경제정책의 실패

DJ정부: **카드대란**.(1999.9 시작- **2003 신용불량자 372만명**) ,
벤처부실화 (2000년 3월 10일에는 코스닥 지수가 **2834.4**로 사상 최고를 기록. 1년도 채 지나지 않은 그해 12월 26일 코스닥 지수는 **525.8로 급락**)

_{실제로 1997년 가계신용 규모는 200조원으로 당시 국내총생산(GDP) 대비 51% 수준이었다. 하지만 국제결제은행(BIS)에 따르면 지난해 말 기준 가계신용은 1600조 원을 넘어서 GDP 대비 94.8%에 이른다.}

- 노무현 정부: **부동산 가격 폭등** (2003년 이후 -)

→→중산층 축소와 양극화 부채질

구체적으로 어떤 것을 가지고 이렇게 말하는 것인가요?

이른 바 "카드대란"이 바로 그런 겁니다. 외환위기를 극복하겠다고 카드 활성화 정책을 시행했는데, 이 결과로 1년 반 혹은 2년 정도 지나서 신용불량자가 370만명이상이 발생했습니다. 기가 막힌 일이죠. 370만명이상이 파산 지경에 이르렀으니 가장 가난한 서민들이 거리로 내몰린 것입니다. 정부가 외상거래를 장려하는 정책을 편 결과입니다. 신용카드는 그 본질이 외상거래이니까요! 필자가 아는 범위내에서는, 어느 국가도 그런 무모한 정책을 추진한 적이 없습니다.

김대중 정부가 신용카드활성화 정책과 함께 추진한 정책이 벤처활성화 정책이었습니다. 벤처 활성화를 위하여 가장 필요한 것이 무엇이었는지에 대한 고민없이 벤처기업으로 지정만 되면 금융지원, 세제혜택, 인력지원 등이 이루어지다 보니 벤처 지정만 되면 그 이후의 절차는 황금알 낳는 거위처럼 보였지요. 미국의 실리콘밸리가 어떻게 번창할 수 있었는지를 일본 정부가 알기 위하여 6개월간 민관 합동으로 조사단을 구성하여 미국의 실리콘밸리에 파견하여 나온 보고서도 우리 정책당국자들은 읽어 보지 않았어요. 제가 그 자료를 정부에 전달하던 시기가 바로 우리 정부가 벤처 활성화 정책의 틀을 짜던 시기여서 제가 잘 알고 있습니다. 어쨌든, 앞에서 제가 언급한 "지소선후"가 안되었지요. 그 결과는 어떠하였을까요? 하늘과 땅만큼 차이가 있었습니다. 이러한 정책을 시행하자 코스닥지수가 2800 대까지 올라갔다가 벤처 부실화로 1년정도 지나서 520 대로 떨어졌습니다. 그렇게 되는데 걸린 기간은 불과 10개월정도 이었습니다. 국가가 신용보증기금으로 신용보증한 800여개의 기업 중 400여개의 기업이 파산했습니다. 물론 신용보증기금은 고갈되었습니다.

그러니까 이번에는 벤처에 투자한 사람, 벤처기업에 노무제공하고 다른 기업에 취업을 하지 않고 열정적으로 일했던 사람들이 같이 몰락을 한 거죠. 벤처활성화 정책으로 중산층과 근로자층이 망하고 카드대란은 서민층이 망한 것입니다. 우리가 외환위기를 극복하였다고 하는 내면의 모습입니다.

노무현 정부 때 부동산 가격 폭등했다는 건 여러분들 모두가 잘 아실 것입니다. 압구정동 아파트가 4억원에서 7억원으로 몇 개월사이에 폭등하는 사태가 당시였습니다.

우리는 비교적 최근의 생생한 경험으로 다음과 같은 점을 알 수 있습니다.

생계형 일자리에서, 최저임금형 일자리, 도시근로자 평균임금형 일자리, 평균임금 이상의 일자리, 그리고 양질의 일자리로 이어지는 일자리 사다리가 어느 부분의 일자리이든, 일자리가 감소하면 소득불평등은 가장 심하게 나타나게 된다는 사실입니다. 그 중 없어지는 일자리가 더욱이 아래쪽 일자리로 내려가면 내려갈수록 소득불평등은 심화된다는 것입니다.

그 다음은, 자산가격이 폭등하면 자산을 가진 사람은 가격상승의 혜택을 보게 되나, 자산이 없는 사람은 오히려 이로 인하여 지불하여야 할 임차료 등이 인상되는 효과가 발생하여 소득격차는 더 벌어지게 된다는 것입니다. 노무현 정부 들어서 늘어난 공공일자리 및 정부의 이전지출로 이 같은 양극화 해소에는 언발에 오줌누기에 불과한 것이 될 수 밖에 없었습니다.

우리나라 기업의 평균수명

우리나라 기업의 평균 수명은 약 10년 정도 라고 합니다. 1950년대 는 61년이었는데, 이렇게 줄어들었습니다. 물론 이러한 변화에는 기술의 발전과도 관계가 있겠지만, 다른 원인도 있을 것이라고 생각합니다. 보다 더 그 원인에 관하여 정확한 분석이 필요하기 합니다만, 그 결과는 이렇게 예측되고 있습니다.

기업하기 힘든 나라, 한국
자유기업원 2015.05.20

- 2007년에 신설된 기업의 연도별 생존율:

  1년 뒤에는 38.2%의 기업이 사라지고,
  2년부터 5년부터 각각 50.7%, 58.5%, 64.2%, 69.1%.

- **: 5년 뒤에는 10개 중에 단지 3개 기업만이** 살아남는 것으로 기업 평균수명이 상당히 낮다고 볼 수 있음.

2007년에 신설된 기업의 연도별 생존율을 보면 5년 뒤에는 10개 중에 세 개만 살아남는다고 합니다. 그러면 10개 기업 중 세 개만 살아남고, 그것이 또 장수를 해야만 좋은 일자리가 만

들어질 텐데, "태어나기도 힘들고, 장수하기는 더 힘들고"하는 이제 그런 상황이 우리 현실이 되었습니다.

기업하기 힘든 나라, 한국
자유기업원2015.05.20

- 창업 **200년 이상 장수기업**:
  일본이 3,113개(43.2%), 독일 1,563개(21.7%), 프랑스 331개(4.6%)

  우리나라 ;
  100년 이상 된 기업: 두산 등 7개사(두산, 동화약품, 몽고식품, 광장, 보진재 등)
  60년 이상 법인기업도 184개사 수준

장수 기업의 수를 보아도, 외국에 비하여는 턱없이 부족합니다.

장수기업이 중요한 이유는 기업이 장수할수록 양질의 일자리가 생길 가능성이 높아지고 관련 산업도 발전하기 때문입니다. 특히 대규모 장치산업에 관련기술의 주기가 짧을수록, 한

양질의 일자리 - 기업의 생존

기업이 장수할 수록,

양질의 일자리 가능성 높아지고,

관련 **산업의 기술도 발전한다**.

번 놓치면 후발주자가 따라가기가 거의 불가능하게 됩니다. 일본이 반도체를 놓치고 현재 안간힘을 쓰고 있는 것도 이러한 의미에서 좋은 사례라고 할 수 있습니다.

결국 기업이 많이 만들어 지고, 또한 장수하도록 하여야 경제가 성장하고, 부차적인 소득불평등 문제도 해결할 수 있다고 확신합니다.

생산의 4대요소

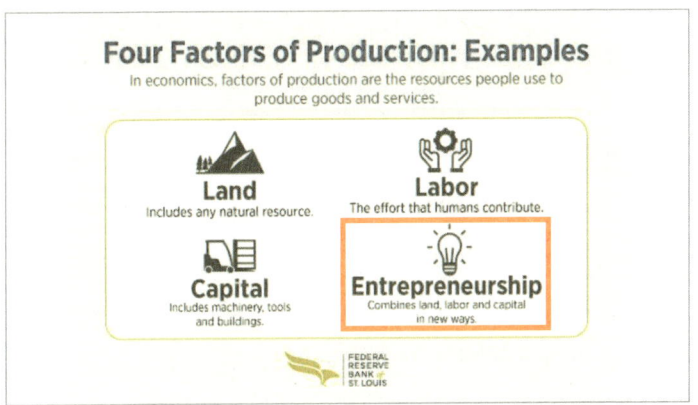

제가 대학 다닐 때, 경제학 교과서를 펴면 생산 요소는 세 가지만 서술되어 있었어요. 물론 제가 행정고시 볼 때인 1976년도 경제학 시험을 볼 때도 동일하였습니다. 자본, 노동, 토지라고 말입니다. 그런데, 제가 30여 년 전에 우연히 미국의 경제학 교과서를 보니 3대가 아닌 4대 요소를 기재하고 있더군요. 처음에는 교과서가 잘못됐나 그랬는데, 알고 보니 생산요소에 대한 인식이 바뀐 것이었습니다. 기업가 혹은 경영이라는 요소의 중요성을 새롭게 인식한 것이지요. 기업가 혹은 경영자는 토지, 노동과 자본과 같은 다른 생산 요소를 결합하는 사람들입니다. 즉, 나머지 생산 요소들을 결합하고 얼마를 어떻게 생산하고 누구를 채용하고, 어떤 비즈니스 모델을 사용할 것인지, 자금조달은 어떻게 할 것이고, 원자재는 어디서, 어느 정도로, 어떤 경로로 조달할 것인지, 공장은 어디에 지을 것인지, 생산규모와 마케팅은 어떻게 진행할 것인지, 사업형태는 합작으로 할 것인지 등 거의 사업운영에 관한 모든 중요한 의사결정을 나날이, 그리고 장기적인 전략적 결정을 포함하여, 내려야 하는 사람들입니다. 구슬이 서말이라도 꿰어야 보배가 되는 것이지요. 기업에서의 경영의 중요성은 아무리 강조해도 지나치지 않습니다. 그리고 모든 사회제도가 적용되는 영역이기도 합니다. 이런 중요한 생산요소를 아직도 우리는, 아는 사람은 애써, 모르는 사람은 몰라서 무시하고 있는 것은 아닌가 하는 의문이 듭니다. 제가 오늘 하고자 하는 이야기의 중점도 이 생산요소에 국한되는 것이라고 할 수 있습니다. 한마디로 경영의 안정화가 전제되지 아니한 기업이 영속적일 수 없고, 경쟁력을 가질 수 없고, 따라서 양질의 일자리를 만들 수 없습니다.

국가의 역할

 이를 위하여, 먼저, 정부가 기업에 대해서 얼마나 많은 일을 해줄 수 있는지를 다시 생각해 봤으면 하는 생각입니다.

 먼저, 인식의 전환이 필요합니다. 과거 "가난구제는 나라도 못한다" 인식이 보편적이었지만, 이러한 인식이 틀렸다는 것은 이미 다른 선진국을 통하여 입증된 바 있습니다. 즉 국가가 어떻게 하느냐에 달렸다는 것입니다. 국가는 기본적으로 생산주체가 아닙니다. 기업이 생산주체입니다. 그러나, 생산주체인 기업을 도울 수 있는 여러 가지 수단들을 국가가 가지고 있고, 더 나아가 기업을 망하게 하기도 합니다.

 다음으로, 국가는, 기업이 적극적인 경제활동을 할 수 있는 여건 · 환경 · 기반을 마련하여 주는데 집중해야 합니다.(노동 · 공정거래 · 부패방지 · 기반시설 · 교육, 금융 등). 기업이 생산요소를 결합 · 경영하여 성과를 내어 국가경제에 기여하게끔 해야 합니다. 기업은 경쟁력을 잃으면 자연소멸합니다. 총체적 돌봄이 필요한 존재입니다. 오늘날 국가가 이런 역할을 하지 않으면 기업이 경쟁력을 잃어 존속할 수 없습니다. 다른 나라에서는 이런 기업경쟁력을 도와 주는 일을 정말 열심히 하고 있기 때문입니다. 국제 스포츠대회를 위하여 대회 참가자를 위한 선수촌을 국가가 운영하고 있는 마당에, 국민들에게 먹거리와 풍요로움을 선사해줄 기업들을 돌보는 작업이 이보다 소홀히 이루어진다면 넌센스라는 생각이 듭니다.

그래서 정리하면 결국은 "살아남는 기업이 그게 사회에 유익한 기업이다"라고 생각합니다. 살아남으려면 어떻게 해야 하느냐? 그것은 국제적 경쟁력을 갖춰야 되는 것이지요. 국내시장도 외국기업에게 개방되어 있잖아요? 그러니까 휴지 하나도 P&G 가 들어와서 장사를 하고 있는데 경쟁력이 없으면 어떻게 살아남겠습니까?

경쟁력 강화는 기업만의 노력으로 할 수 있는 일이 아닙니다. 경영외적 환경이 오히려 더 중요해지고 있습니다. 경제안보라는 새로운 환경도 이 중 하나입니다. 우리는 지금 분단의 시대를 살고 있는 것입니다. 그런데 이런 환경을 보다 유리하게 만드는 일은 전적으로 공동체인 국가의 몫입니다. 구체적으로 보면, 노동시장·물가·법집행의 일관성/투명성·신뢰할 수 있는 사법시스템·각종 인프라(도로·항만·물류시설·전기·수도·통신시설·산업입지 등)·교육수준·금융·조세부담 …..

이러한 부분이 오히려 더 중요하고. 국가의 역할에 크게 의존합니다.

재벌 · 대기업 · 중소기업

여기에 빈부의 갈등을 부추기고, 제도의 왜곡을 불러 오려는 정치적 동기가 일자리를 어렵게 만듭니다. 쉽게 이야기 하여, "배 아파하는 대가로 배 곯는 대가를 치르게 하면" 안됩니다. 모든 경제정책이 양질의 일자리를 만들어 풍요로움을 누리는 사회가 되어야 제대로 된 선진국이 될 수 있습니다.

대기업을 재벌이라고 비난하고 옥죄면 누가 양질의 일자리를 제공합니까? 중소기업이 작다고 착한 기업입니까? 많은 중소기업이 더 크게 성장하여 대기업이 되어야 합니다.

가족기업이라고 심지어 비난하는 사람도 있습니다. 우리 나라의 공기업을 제외하고 거의 99.9이상의 기업이 모두 가족기업입니다. 가장 믿을 수 있는 구성원이기에 어려운 시기인 기업의 창업시에 가족이 동원되는 게 현실입니다.

해외의 대표적 기업도 출발은 가족기업이었습니다. 지금도 많은 기업들이 그러하기도 하고요. 가족기업이 크면 재벌로 비난받고 작으면 보호받는 것인가요? 국가적, 사회적으로는

기업의 출발점은 가족기업이다-재벌?

가족기업이 잘
되어야 재벌이
되는 것이다.

가족기업은 작아야
보호받고 크면
비난의 대상??

대표적인 해외 가족 형태 기업

기업	국가	설립 연도	산업	매출액
월마트 Walmart	미국	1962년	유통	5144억달러
폴크스바겐 Volkswagen	독일	1937	자동차	2526억
엑소르 EXOR	이탈리아	1927	금융·제조	1556억
루크오일 LUKOIL	러시아	1991	석유	1215억
폭스콘 FOXCONN	대만	1974	전자	180억

※ 매출액은 2019년 기준　　　　　　　자료 : 이코노미스트

좋은 일자리를 만들어 주는 기업이 애국기업입니다. 경쟁력을 갖춰 살아남는 기업이 칭찬을 받아야 마땅합니다. 정경유착, 지배구조 개선, 불공정 거래 관행 등 이러한 부정적 사례들은 대기업만 있고, 중견이나 중소기업에는 없는 것도 아닙니다. 기업마다 다르고, 정도가 다를 뿐 어디에나 존재합니다. 개별 기업의 잘못은 확실히하게 사법시스템에 의하여 처리하되, 불필요하게 옥죄는 제도와 규제는 개선되어야 합니다. 그래야 기업이 경쟁력을 갖게 되는 것입니다. 그래야 일자리를 만들어 우리가 먹고 살 수 있는 것입니다. 우리 모두의 경제적 자산입니다.

　대기업의 무분별한 확장은 국내의 중견, 중소기업의 시장을 잠식한다는 비판도 있습니다. 그러나 국내 100대 대기업의 최근 국내 및 해외 시장 동향을 보면 해외시장에서의 활동이 훨씬 더 많습니다. 문제는 국제경쟁력이 있는가 하는 관점에서

보아야 하는 것이고, 중소, 중견기업을 보호하여야 한다라는 관점은 아래에서도 나오겠습니다만, 부차적인 기준이어야 합니다. 최종 평가는 소비자의 후생증진과, 양질의 일자리를 얼마나 제공하는 것에 중점을 두어야 합니다.

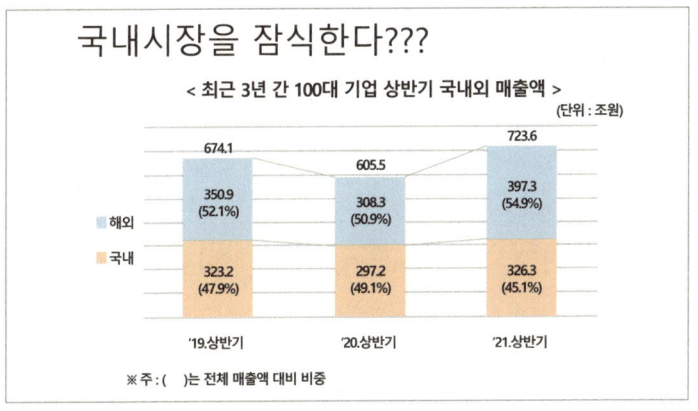

5. 경영 안정화의 중요성

 기업인으로서는, 경영의 안정화가 아담 스미스가 얘기하는 사익Self-interests의 핵심을 이룹니다. 그 사익이 보호되어야 사회전체가 더 혜택을 누립니다. 자신의 이익을 위하여 열심히 일하는 게 사회에 해가 되지 않고, 오히려 도움이 된다면 그것을 조장하여 주어야 합니다. 자신에게 이익도 없는 일을 누구를 위하여 열심히 일하겠습니까? 놀고 싶고, 쉬고 싶고, 편안하게 지내고 싶은 것이 모든 인간의 공통된 심정입니다. 그러나, 열심히 일하는 게 지금은 힘들지만, 보다 풍요롭고 안락한 미래를 위하여 혹은, 자아실현을 위하여 도움이 되어야 열심히 일하지 않겠습니까? "내가 이렇게 열심히 일해도 이게 내 회사가 아닌데"라고 생각된다면, 뭐하러 열심히 일하겠습니까? 내가 열심히 일해도 내 자식이 물려받을 수도 없다고 생각하면 열심히 일하는 유인이 생기지 않습니다.

 한편으로, 사업가를 굳이 그렇게 보호할 필요가 없지 않나라는 생각을 갖는 사람도 있습니다. "누구든지 사업을 하려는 사람은 많다는 전제아래, 다른 사람이 하면 되지"라는 생각을 하는 사람도 많습니다. 그러나 그것이 그렇게 쉬우면 과거의 기아자동차가 왜 망했으며, 쌍용자동차가 왜 그렇게 망했겠습니까?

아무튼 이렇게 경영 안정화가 사업을 영위하는 과정에서 가장 중요한 부분이라고 할 수 있고, 기업 오너의 대부분의 재산은 이 경영안정화를 위한 주식입니다. 그리고 여기 사익Self-Interest이라는 것은 물론 부작용도 있지만, 하여튼 경쟁적인 경제를 만들고 최선을 다하는 게 기본적 요건이 됩니다. 그걸 하지 않으면 살아남을 수가 없으니까요.

그러면 이렇게 경영 안정화라는 것은 결국은 사유재산의 한 축을 구성하는 것입니다. 이를 조금 변형하여 설명을 드리면, 사유재산의 핵심은 내가 살아있는 동안에 내가 벌어서 내가 향유하고 싶은 그런 욕구가 있고, 또 그게 잘 된다면, 내 생각대로 그 것을 상속하거나 넘겨 주거나 하는 것을 자유롭게 할 수 있는 것까지 포함하는 겁니다.

상속·증여세에 대한 재고
- 형평성의 관점 / 해외로의 자본유출

　이처럼 사업체 혹은 회사의 상속에 관한 문제가 굉장히 중요하다는 걸 알 수 있는데 사망할 때 과세를 못하면 그러면 영원히 과세를 못하냐?

　그렇지는 않죠. 상속되는 재산이 주식이라고 한다면, 상속시에 주식에 대한 과세를 하지 않더라도, 주식을 양도할 때는 어차피 과세할 수 있는 겁니다. 결국, 상속시에 과세하느냐 아니면, 그 이후 양도시에 과세하느냐 하는 과세타이밍에 문제일 수도 있어요. 물론 세부적인 금액이 차이가 날 수 있지만. 그래서 상속세폐지문제는 세금을 영원히 걷지 않아 부의 대물림이 이루어지는 것이 아니고, 결국 과세이연(移延)에 불과하다고 하는 주장도 그렇게 틀린 얘기는 아닙니다.

　우리나라 상속세부과 규정은 구체적으로 들어가 보면, 얼마든지 tax planning (절세계획)이 가능합니다. 다만 기업인들이 그런 걸 안 할 뿐이죠. 그러나, 이제는 하려는 기업들도 많아졌고, 이미 많은 기업들은 시작했습니다.

무슨 얘긴가 하면 피상속인이 비거주자가 되면 국내에 있는 상속재산만 과세합니다. 그러면 피상속인이 사망전에 공장을 해외에 짓고, 회사를 설립하는 겁니다. 그리고, 해외에 주식상장을 해버리면 그 주식이 우리 "국내에 있는 재산"이라고 할 수 없어요. 그리고, 비거주자가 되는 욕구는 해외에 가서 6개월만 살면 됩니다. 6개월이야 미국 공장 출장가고, 중국 공장 가고 하면, 6개월 금방 지나가지 않나요? 그러면, 국내 상속세 과세를 피할 수 있어요.

그래서 지금 젊은 벤처 기업들은 아예 공장을, 회사를 미국에서 설립해요. 그리고 한국에 자회사를 가져오는 거예요. 그러면 그게 국내 재산이라고 할 수 없잖아요. 그 주식이 tax planning을 하여 국내 상속세를 절약할 수 있으면, 납세자간의 형평성이 보장되지 않는 것이지요. 법망을 합법적으로 빠져나가는 사람들은 얼마든지 있는데 남아 있는 사람을 그렇게 중하게 과세하면 말이 되느냐? 하는 형평성의 이슈입니다. 빠져 나갈 수 있는 사람은 빠져 나가라, 나가지 못한 기업들은 다른 기업이 냈어야 할 상속세 부담까지 징수하마! 그런 사고는 국가를 망하게 하는 사고이지 않겠습니까? 어쨌든 이러한 문제도 어느 정도 영향을 미쳐서, 한 해 30조원이 넘는 한국기업의 해외로의 엑스더스가 생기는 것 아닌 지 생각하여 보아야 합니다.

차등의결권제도의 기능과 현실

> **'1주당 29표'**
> **쿠팡이 다시 불지핀 '차등의결권' 논란**
>
> 지분 2%로 58% 영향력 행사 가능
> '복수 의결권' 국내법에선 인정 안 해
>
> 벤처 한정 '10배 의결권' 법안 국회 제출
> 시민단체 "지배구조 개선 포기" 반발
> 미·중·싱가포르 등은 제한적 허용

 또 다른 이슈가 하나 있습니다. 우리 기업이 경영 안정화와 관련하여, 다른 외국기업들에 비하여 불리한 제도가 하나 있습니다. 정확히는 제도의 부존재가 문제인데, 바로 차등의결권제도의 부재입니다. 얼마 전 쿠팡의 대주주가 한국에는 차등의결권제도가 없으니 이를 인정하는 미국으로 가 뉴욕증시에 상장하겠다고 발표하였지요.

공익법인제도의 기능과 현실

이런 관점에서는, 공익법인제도도 마찬가지입니다.

공익법인을 이용해 가지고 기업인이공익사업을 좀 하고 싶다고 생각하면 기업인의 대부분의 재산은 의결권 주식이니 그 주식을 출연하여 공익재단법인을 만드는 것이지요. 그러나, 이렇게 출연을 하면, 그 순간 증여세가 50%가 과세됩니다. 증여세가 면제되는 것은 대기업의 경우 발행 총주식의 5%까지입니다. 여기에는 출연자가 출연할 당시 해당 공익법인 등이 보유하고 있는 주식 뿐만 아니라 특수관계인이 해당 공익법인 등의 외의 다른 공익법인 등에 이미 출연한 주식도 모두 포함하여 이 한도를 계산합니다.

또한 공익법인을 지주회사와 하는 것을 방지하기 위하여 상속·증여세법에서는 주식 취득에 대한 규제 이외에도 당해 공익법인의 총 재산 가액 중 특수관계인의 내국법인의 주식 의 가액이 30%를 초과하여 보유하지 못하도록 규제하고 있습니다. 즉 이중으로 규제를 하고 있는 셈이지요. 이같은 것이 규제가 다른 나라에 비하여 기업 안정화라는 관점에서는 엄청난 제약이라고 볼 수 있습니다. 이런 규제가 있으면, 공익법인 활동을 통한 공익사업의 활성화가 되지 않을 뿐만 아니라, 공익법인을 통한 기업의 안정적 경영도 불가능해 집니다.

그런데, 예를 들면, 일본 같은 경우에는 공익재단에 주식을 넘길 때 주식 양도소득세를 아예 면제하고, 공익법인이 주식을 50%까지 취득할 수 있게 해주고 있습니다. 일본의 경우, 증여세나 상속세의 세율이 높다고 하더라도 이러한 경로로 경영권안정화를 도모할 수 있기 때문에 그다지 기업의 생존에 영향을 미치지 않는 것입니다. 미국의 경우도 우리와는 비교할 수 없을 정도로 유연합니다.

우리의 공익법인제도가 정말 제대로 된 것인지 다시 생각하여 보아야 합니다.

중소기업정책의 재고(再考)

> 중소기업 보호 정책의 목표 =
> "Job Creation"
>
> - 중소기업정책의 궁극적 목표는
>
>   **양질일자리 창출**이다.
>
>   보호에 안주하여 더 이상 일자리 창출에 기여하지 못하면
>   국민의 혈세로 더 이상 보호할 이유가 없다.
>
>   일정기간 보호받으면 자립하여, 스스로 경쟁력을 갖추어 이러한 목적에 기여하여야 한다.

한편 중소기업을 보면, 대기업이나 중견기업은 그렇다고 치고, 중소기업을 보면 이게 일자리 창출이 목적이 아니고, 더 나아가서 우리 경제제도의 근본적인 목표가 양질의 일자리 창출이 목적인데, 중소기업으로서의 자격유지가 목적인 것 처럼 보입니다. 중소기업으로 남아있으면 혜택이 많으므로, 중소기업이 성장을 하지 않으려는 것이지요. 이른바 피터팬 증후군으로 불리는 현상이 보편화되는 것입니다. 작은 기업이 착한 기업인 것 처럼 간주되는 정책은 재고되어야 합니다.

제가 지난주에도 국세청 직원의 상담을 하였는데, 어느 중견기업이 중소기업으로 규모를 줄여 주식의 증여세의 할증규정을 받는 것이 맞는 지 하는 질문이었습니다. 많은 양질의 일자리를 만들 수 있는 상황이 되어야 하는데, 오히려 중소기업을 두텁게 보호하려는 의도에서 만들어 진 제도가 오히려 중소기업의 중견기업으로서의 성장 유인책을 없애고 나아가 성장을 하면 이제까지의 혜택을 모두 잃게 되는 것과 같은 결과를 가져다 주는 의도하지 않는 결과가 생기는 것입니다. 그래서 시스템디톡스가 필요하다고 주장하는 것입니다.

우리 기업의 대외의존도

한국경제의 대외의존도

GDP 대비
수출입비율:
1990년 53.0%
2021년 84.8%

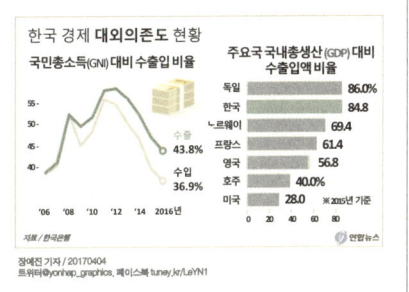

　한국 경제가 살아가는 환경을 한번 보면, 잘 아시다시피 우리의 대외 의존도가 굉장히 높은 나라입니다. 2021년의 한국경제의 대외의존도는 84.8%로 독일 다음으로 높습니다. GDP 대비 수출입비율을 말하는 것인데 우리 경제는 수출과 수입의 비중이 전체 GDP와 비교하여 80%가 넘는 다는 것입니다. 우리가 더 잘 살면 더 잘 살수록 국내 시장은 한정되어 있으니까 더 높아질 겁니다.

　이 중 수출을 보면 2018년 기준으로, 대기업이 67%, 중견기업이 16.1%, 중소기업이 16.9%를 차지합니다. 대기업의 수출

전체 수출에서 대·중견·중소기업이 차지한 비중
단위: 달러, 자료: 통계청 및 관세청, ( )안은 수출액

구분	2017년 (5726억)	2018년 (6024억)
대기업	66.4% (3803억)	67% (4038억)
중견기업	15.9% (909억)	16.1% (970억)
중소기업	17.7% (1014억)	16.9% (1016억)

기여도가 절대적입니다. 전경련을 중심으로 하는 대기업이 탄핵정국에 비난의 대상이 되었습니다. 그러더니 지난 정부에서는 총리가 "항아리 경제"를 주창하기도 하였습니다. 항아리처럼 가운데가 볼록한 경제가 좋다는 취지입니다. 중견기업 중심의 경제를 운용하겠다는 취지인 것 같습니다. 그러나 항아리 경제면 뭐합니까? 대기업 중심의 경제구조가 현실인데, 그 현실에 맞게 경제를 운용하여야 지요? 오히려 중견. 중소기업을 대기업으로 키우는 노력을 하는 게 바람직하지 않나요? 양질의 일자리를 제공하고, 현실적으로 젊은이들이 모두 대기업 취업을 희망하는 현실을 굳이 외면한다고 경제가 좋아지나요? 배는 고픈데, 배고픈 척하지 말라는 것과 무엇이 다른 가요? 대기업에 대한 비난과 규제를 풀고, 중견, 중소기업과의 공정한 경쟁의 장을 국가가 만들고, 대기업 경쟁력을 꺾으려 들게 아니고, 중견. 중소기업을 통합하여 대기업과의 경쟁에 밀리지 않도록 정부가 조치를 취하는 게 바람직하지 않나요?

비교규제
comparative regulation

 모든 규제에는 그 이유가 있습니다. 그러나, 경쟁상대국과 동일한 정도의 규제만 허용하여야 합니다. 국제경쟁력을 갖추지 않으면 살아남지 못하는 기업현실을 직시하여야 합니다.

 비유적으로, 축구경기에서, 다른 나라에서는 하지 않는 왼발잡이나 3분이상 혹은 30m 이상 단독드리볼 금지하는 규정을 두고 선수를 훈련시켜 국제대회에서 우승을 기대할 수 있습니까?

 우리 산업규제 가운데 중소기업적합업종 제도와 중소기업간 경쟁제도라는 규제가 있습니다. 전자는 중소기업만이 할 수 있도록 업종을 제한하고 있는 것이고, 후자는 중소기업만이 공공조달시장(학교, 공기업, 군부대, 지자체 등에)에 공급할 수 있게 하고, 중견이나 대기업은 이들 시장에 진입하지 못하게 하는 제도입니다. 그래서 오히려 수입계 외국기업만 득을 보는 상황을 만들고, 이러한 안이한 제도에 기대어 기술발전도 일어나지 못하게 만들고 있습니다. 마치 산업혁명전에 있었던 중세길드조합과 같은 기능을 하고 있습니다. 이런 제도를 존치할 게 아니라, 중소기업들을 통합하여 대기업과 같은 경쟁을 할수 있도록 국가가 발 벗고 나서서 환경을 만들어 주는 것이 산업 기술의 발전과 종국적으로 소비자의 이익에도 부합하는 것입니다. 중세 길드조합은 산업혁명후반기에 기술발전을 저해한다고 보아 모두 폐지되었고, 현재 이와 유사한 중소기업적합업종제도나 중소기업간 경쟁제도를 존치하고 있는 OECD 회원국은 한나라도 없습니다.

6. 소유와 경영의 상관관계

소유와 경영의 상관관계에 관하여, Berle, Gardiner가 공동으로 1930년 1.1. 기준으로 미국의 금융회사를 제외한 최대주식회사 200개사를 조사한 자료가 세계적으로 유명합니다.

미국에서 기업을 100년 동안 연구해 본 결과 아래와 같은 결과가 나왔다고 합니다. 즉, 소유권이 80% 이상일 경우에는 소유주의 개인지배가 이루어지고, 50% 이상인 경우에는 과반수의 지배가, 그리고 20% 이상일 경우에는 소수의 여러 군(群)의 주주들 중 하나인 소수파가 회사를 지배하게 되며, 20% 이하로 떨어진 경우에는 소유와는 관계없는 경영자의 지배 즉 경영권을 쥔 전문경영인이 자신이 영속적으로 경영권을 행사할 수 있는 자기 영속적Self-perpetuating 구조가 형성된다는 것입니다.

우리 기업의 경우, 창업시에는 오너 개인 지배, 그 이후 성장 과정을 거치면서 주식분산이 이루어지게 되고, 기업이 성장하면서 다양한 부문에 투자를 하게 됨에 따라 외부로부터의 자본조달을 위하여 당초의 오너지분은 희석되게 됩니다. 그러다

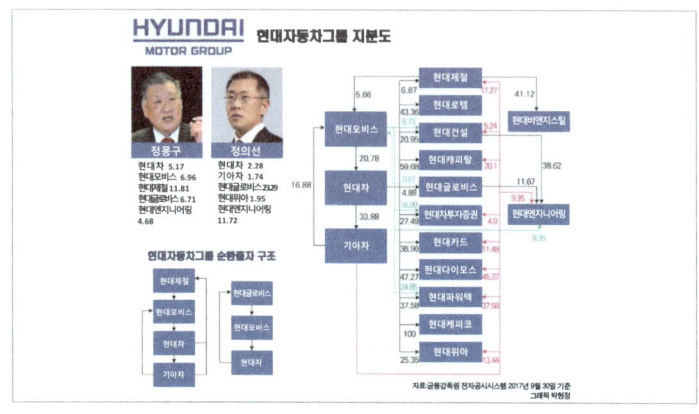

결국은 전문경영인의 시대가 오게 되는 것이겠죠. 현대차의 지분구조를 한 번 보시지요. 개인지분이 얼마나 미약한지 알 수 있습니다.

그나마 경영안정화 조치의 하나로서 가업승계제도와 지주회사전환우대 조치를 두고 있습니다만, 지배주주 지분율이 낮은 경우, 현행 가업승계제도를 이용한 경영안정화도 불가능합니다. 현행 법은 40% 이상의 지분율을 요구하고 있기 때문입니다. 또한, 지주회사가 해결책도 아니지만 지분율이 낮아 전환 요건도 현재로서는 충족하기가 어렵습니다.

우리나라의 경우 경제가 압축성장을 하면서 기업이 단기간 내 커지면서 창업자 또는 지배주주의 지분이 희석되는 과정을 급격히 겪어왔습니다. 필자가 만나 본 많은 기업인들은, 이런 하소연을 합니다. "사업을 늘리느라고 정신없이 달려왔더니만, 이제는 내 회사가 아닌 것처럼 내 지분이 쪼그라들었다"고 말입니다. 즉, 경영권 안정을 도모하지 못하게 되어 그것이 이제는 사회적 비용으로 간주될 상황에 이르렀습니다.

어떤 사회적 비용이 있느냐고요?

먼저, 기업의 생존여건의 악화로 기업 경쟁력이 약화되고, 따라서 자연히 일자리 감소로 이어집니다. 둘째로, 상속세 자금 마련을 위한 변칙적 행위가 증가될 수밖에 없고, 이로 인하여 기업의 경쟁력도 자연히 약화되기 마련입니다. 이는 또한 일자리 감소로 이어질 수밖에 없습니다. 구체적으로 어떤 변칙적인 행위의 유혹이 있을까요? 경영진의 입장에서는 사업기회 유용이나 지배주주의 지분 증가를 위한 reorgnization 등이 있을 수 있고, 문어발식 기업 확장도 이래서 생기게 되는 것입니다. 셋째로, 경영권 방어를 위한 비용이 증대되는 것입니다. 이도 마찬가지로 기업 경쟁력을 약화시키고 결국은 일자리 감소로 이어지게 될 것입니다. 경영권 방어를 위하여 이익이 나면 자사주 매입에 우선 중점을 둘 수밖에 없기 때문일 것입니다. 마지막으로, R&D 투자활동이 위축될 수 밖에 없습니다. 이것이 기업의 경쟁력을 약화시킨다는 것은 재언을 요하지 않습니다.

기업경영재산의
국가적 보호시스템

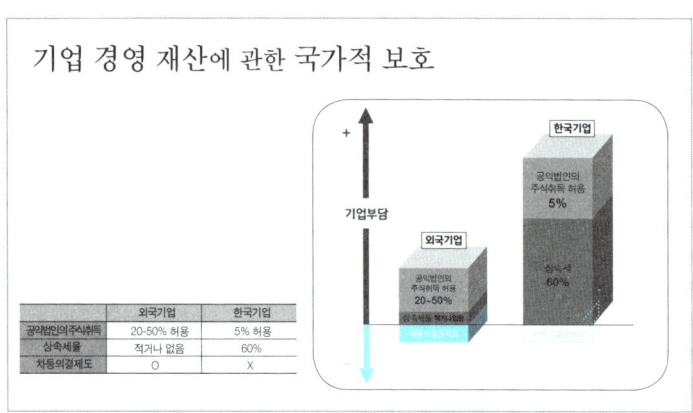

　제가 7-8년 전부터 공무원들에게 우리 기업의 상황을 알리기 위하여, 이러한 도표를 교재 앞장에 넣어 사용하고 있습니다. 이 도표가 한마디로 경영안정화와 관련된 기업현실을 총체적으로 보여 주고 있습니다.

　즉, 상속세 부담이 다른 경쟁상대국에 비하여, 엄청나게 높고, 다른 나라에 비하여 공익법인에 대한 주식출연에 대한 조세부담 및 제한도 엄청 크고, 차등의결권제도는 존재하지도 않고, 등을 나타낸 것입니다. 총체적인 부담이 상대적으로 너무 큽니다. 어디 기댈만한 곳이 없는 상황입니다.

어디 이 뿐만이 아닙니다. 지배주주는 회사가 사업을 위하여 파이낸싱을 위하여, 금융금융회부터 자금대출을 받는 경우에는 법령상 규정은 아니지만, 관행적으로 지배주주의 개인연대 보증을 하여야 하고, 경영안정화를 위하여 미국 등에서 흔히 행하는 MBO(Management Buyout)이나 LBO(Leveraged Buyout)이지만, 한국에서는 배임죄의 여지가 있어 거의 활용이 되지 못합니다. 간단히 말하면, 경영진이 회사자산을 이용한 금융거래를 통하여 경영진의 지분을 높이는 방법이고, 후자는 돈을 빌려 이 같은 효과를 얻는 방법입니다. 미국 경영학 교과서에서 흔히 등장하는 제도이지만, 우리 나라에서는 이러한 금융거래를 하기가 쉽지 않습니다. 이 제도에는 배임죄의 여지가 곳곳에 스며 있기 때문입니다. 아주 예외적인 경우에만 허용될 뿐입니다. 이런 전체적인 시스템을 염두에 두지 않고 막연히 상속세가 어떻다고 어느 한 부분만 딱 떼어 논의하는 것 자체도 위험하지만, 그렇다고 하더라도 우리나라의 상속세 부담은 세계 최고입니다.

주가 변동과 상속세, 양도소득세의 관계

만약에 상속세를 폐지한다면 어떻게 될까요? 상속세를 없애면 상속이후 주식을 양도할 때 양도소득세로 과세하면 됩니다. 이 표에서 15에 주식을 취득하여 양도시점의 가액이 80이므로 이 양도차액에 대하여 과세하면 됩니다. 그런데 주식가액이 상속시에 정점에 이르렀다가 양도시 하락한 경우는 어떨까요? 즉, 15에 취득하여 상속시 100이었다가 양도시에 5로 떨어진 경우라면, 양도차손(5-15=-10)이 되므로 양도소득세를 부과할 수 없습니다.

그런데 주가변동시 현재처럼 상속세를 유지하게 되면 어떨까요? 15에 주식을 취득하여 사망시 주식가액이 100으로 되었으므로 100 전체에 대하여 상속세를 부과하게 됩니다. 그런데 100에 대한 상속세를 주식을 상속받았지만, 상속 이후 주가가 하락하여 5까지 내려간 경우, 양도하게 되면 양도시에는 양도차손Capital Loss이 생기게 됩니다. 즉 상속인은 상속세로 부담한 100에 대한 세금이 취득비용과 마찬가지이므로, 이른바 tax cost, 양도가액에서 취득비용 100을 공제하면 양도차손 95(5-100=-95)이 생기게 됩니다. 그러나, 이 양도차손은 이미 낸 상속세를 돌려받지 못합니다. 상속세와 양도소득세를 조정하는 규정을 두고 있지 않기 때문이지요. 결과적으로 이 경우 상속세는 내지 말아야 될 세금을 낸 것과 마찬가지입니다. 즉, 과세의 형평성이 없는 것이지요. 없는 소득에 과세한 셈이 됩니다.

한편 상속 이후 주가가 상승한 경우, 상속세가 존치된다면 어떨까요? 즉 5에 취득하여 상속시에 주가가 50이 되었다면 50에 대한 상속세를 부담하게 됩니다. 그 이후 주가가 80까지 뛰었다면, 즉 양도 시점에 주가가 80이 되었다면 주식 양도차익은 80에서 상속세를 낸 50이 취득가액이 되므로 이를 공제하여 양도차익 30(80-50=30)에 대한 양도소득세를 추가로 내게 됩니다. 즉 상속세 50과 양도소득세 30에 대한 세금을 같이 부담하는 것이지요. 결과적으로 이 경우에 주가가 상승한다면 상속세가 없는 경우와 비교하여 커다란 차이가 나지 않습니다. 그러나, 상속 이후 주가가 하락한 경우에는 과세 형평성에 커다란 문제가 있다는 점을 상기하여야 합니다. 결과적으로 내지 말아야 할 세금인데 상속이라는 시기에 걷는 세금, 즉 상속세를 유지함으로써 생기는 우연한 세부담이자, 불공정한 세금이지요. 적어도 이 같은 경우에는 이 양자를 조정하는 규정을 두어 그 불공평을 해소하여야 합니다.

코리아디스카운트와 상속세

앞에서 이야기한 바와 같이, 우리 기업에 대한 경영 안정화 장치들은 지극히 미약합니다. 이러한 경영 안정화 장치들은 생산의 4대 요소 중의 하나인 Entrepreneurship의 절대적 구성 요소입니다. 더구나 경쟁 상대국인 나라들과 비교하여 보면, 공익재단을 통한 의결권행사, 차등의결권, MBO/LBO, 상속세부담없거나 낮음 등으로, 그야말로 우리 기업은 기울어진 운동장에서 고군분투하고 있는 있다고 할 수 있습니다.

주가가 상승하면 상속세 부담이 늘어나게 됩니다. 경영진으로서는 단기적인 목적으로 주가상승이 필요한 경우도 있지만, 장기적으로는 상속세 부담을 늘 걱정하지 않을 수 없습니다. 따라서, 주가 상승은 장기적으로 지배주주나 소유권을 가진 경영진 입장에서 원하는 바가 아닙니다. 한편 투자자 입장에서는 어떨까요? 투자자는 주가가 상승하여 이로 인한 주가양도차익Capital gains을 기대합니다. 물론 주식 보유로 인한 배당금을 기대할 수는 있지만 우리 사회의 경우에 투자자들은 주가 양도차익을 더 기대하고 있는 실정입니다. 그러나 경영진이나 지배주주의 입장에서는 이러한 요구를 수용하기가 쉽지 않은 게 공공연한 비밀이라고 할 수 있습니다.

이러한 점은 어떻게 궁극적으로 주가에 반영될까요?

코리아디스카운트라고 일컬어지는 요인으로 몇 가지가 지적되고 있지요. 지정학적 불안 요인, 지배구조 및 회계 불투명성, 노동시장의 경직성, 외교적 리스크, 시장의 불투명성, 왜곡된 경제구조 노후화된 산업 구조 및 정책 등이 코리아 디스카운트 원인이라고 지적되고 있습니다.

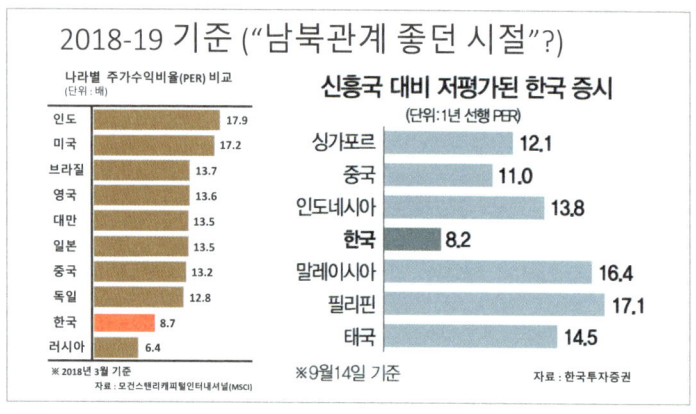

그러나 가장 중요하게 취급되는 지정학적 불안 요인에 관하여 보면 남북관계가 좋았던, 2018 - 2019 기준으로 보아도 우리나라는 싱가폴, 중국, 인도네시아, 말레이시아 필리핀, 태국 등 신흥국에 비하여서도 우리의 주가는 저평가 되어 있었습니다. 이런 신흥국에 비하여 지정학적 요인 이외에 다른 요인이

정말 우리에게 그렇게 큰 부담일까요? OECD회원국으로 투명한 사회제도를 취하는 나라인 한국이 과연 이들 나라보다 못한 것일까요? 노동시장의 경직성이 있다고 인정하더라도 말입니다.

주가를 주당 순이익으로 나눈 값을 나타내는 PER 지수는 신흥국이 12.3인데 반하여 한국은 9.8에 불과합니다. 주가의 순자산 비율을 나타내는 PBR도 신흥국은 1.6인데 반하여 한국은 1.0에 불과합니다.

이와 같은 경영권 안정화 장치의 결여가 코리아 디스카운트의 가장 근본적인 원인이라고 생각되지는 않는지요?

"주가 오르면 상속세 부담 커진다"[16] "삼성전자 주가 하락으로 증여세 부담 3800억 줄어"[17] 등의 보도를 보면 그 진면목을 알 수 있습니다.

비상장주식의 경우에는 어떨까요? 비상장주식은 주식시장에서 거래가 되지 않으니 다른 나라와 비교하는 것은 원초적으로 불가능한 일입니다. 코리아 디스카운트라는 주제는 비상장주식의 경우에는 의미 없는 주제일 수 있습니다.

그렇다고 비상장주식의 경우는 문제가 없을까요?

비상장주식의 문제는 비상장주식의 양도나 증여, 상속등의 경우 평가문제가 현실화됩니다. 예를 들면, 상속의 경우, 상속·증여세법에 따라 평가기준을 적용하게 되어 있는데, 빚

---

[16] 2020. 10. 28. - (서울=연합인포맥스) 김용갑 기자,https://news.einfomax.co.kr › news › articleView

[17] 연합뉴스인용.- 한겨레 https://www.hani.co.kr › arti › economy › stock

없는 경영을 하고 자산도 많이 보유하고 있는 경우, 그 회사의 주식은 엄청나게 고평가될 수밖에 없는 구조입니다. 자산가치와 수익가치를 고려하여 주식을 평가하도록 하고 있으니까요!

제가 수년 전에 상담을 받은 어느 한 무역회사의 이야기입니다. 회장이 한참 활동할 나이에 갑자기 사망하였는데 사업하면서 과거의 쓰라린 경험에서 생긴 빚 없는 경영 원칙 때문에 회사는 차입경영을 한 적이 없습니다. 그런데 취급하던 제품들이 국내 시장에서 잘 판매되어 기업의 재무구조가 정말 좋았습니다. 그런데 이게 바로 독이 될 줄은 몰랐습니다. 막상 상속세를 내기 위하여 평가를 하여 보니 당시에 삼성전자 주식보다 훨씬 더 높게 평가되는 것입니다. 상속인들은 기가 막힌 일이 생긴 것이오. 회사 자산을 다 팔아도 상속세를 납부할 수 없는 상황까지 되어버린 겁니다. 왜 이런 일이 일어날까요? 안정적인 경영을 해야 하는 기업이 상속이라는 돌연 변수에 그만 주저앉고만 생생한 이야기입니다. 상속 시점 대신 주식양도 시점에 주식양도소득세를 과세하는 시스템이라면 이러한 예기치 않은 문제는 생기지도 않았을 것입니다.

기업경영 의결권주식에 대한 상속세 대신 주식양도세 과세

 기업경영에 필요한 의결권 주식은, 주택에 대한 과세제도에서의 "1세대1주택"이라고 말할 수 있습니다. 1세대1주택은 그 세대가 살던 주택을 팔아 다른 용도로 쓸 수가 없지요. 살던 집을 팔았다면, 다시 다른 집을 다시 사야 되는 것이니까요. 그래서 비과세 해주는 것 아닙니까?

 기업경영에 필수적인 의결권주식도 최소한 상속세를 비과세 또는 면제하여야 합니다. 최소한 그런 정도는 보장이 되어야 합니다. 백보양보하더라도, 회사가 특별결의를 할 수 있을 정도의 지분인 발행주식의 1/3 정도는 상속세 과세 대상에서 제외하고, 주식 양도시 양도소득세로 과세하여야 합니다.

 선진국 많은 나라에서는 아예 상속세를 폐지하고, 대신 양도소득세(Capital Gains Tax: 자본이득세로 번역하나 정확한 번역은 양도소득세)로 과세하고 있습니다. 이 같은 전면적인 상속세폐지가 어렵다면 적어도 일정한 기업의 의결권주식 그것도 전부가 힘들면 특별결의에 해당되는 주식만이라도 상속세과세대상에서 제외하고 후일 양도소득세로 과세하자는 것입니다.

우리 나라 헌법은 인간의 존엄과 가치를 국가를 보장할 의무를 부여하고 있습니다. 만약에 기업이 없어져서, 즉 일자리가 없어 일하고 싶어도 일할 수 없는 사정이 생긴다면, 인간으로서의 기본적인 존엄을 잃게 됩니다. 생계수단이 없어진 채 길거리에 내 앉은 국민에게, 즉 자립성을 상실한 국민에게 인간으로서의 존엄과 가치를 보장하고 있다고 할 수 있나요? 빈곤으로부터 탈출하여 경제적 자유를 누리게 하여주어야 합니다.

최근 통계에 의하면, 최소 생활비가 월 216만원 정도라고 합니다.

> ## "일자리 복지" 필요성
>
> - **실업자수 817만명**
> 취업자수 2817만 2천명 (2022.Sep)
>
> 임금근로자 2150만6천명 (동아일보 2022.10.16)
>   월100만원미만 9.4% (202만7천명)
>   월100만원이상 월200만원 미만 15.9% (342만6천명) _{동아일보 2022.11.2. "월소득빼기 114만원인대 연금은 104만원, 노인 발탁"}
>
>   1,361만+@
>   2020년 3,738만명 -생산가능인구

그런데 현재 실업자수가 817만명이고, 월 200백만원 미만의 근로자까지 합치면 1300만명이나 됩니다. 우리 생산가능인구 인구의 1/3이 아직 최소 생활이 보장되는 기초적인 일자리도 없는 상황입니다.

결론적으로, 최소한으로서의 "일자리 복지"를 온 국민이 나서서 구현하여야 합니다. 일자리 복지가 최고의 복지는 아니지만, 인간으로서의 존엄과 가치를 유지하자면, 최소한, 일자리 복지를 갖추어야 합니다. 정부에서 행하는 공공일자리는 한시적 복지에 불과합니다.

이를 위하여는 일자리를 만드는 기업을 어떻게 키우고, 성장시킬 것인가에 끊임없는 관심이 필요합니다.

일자리 복지에 더하여, 의미있는 삶의 추구와 일을 통한 삶의 의미를 어떻게 구현할 것인가 하는 문제는 교육과 또 다른 영역에서의 문제입니다.

"일자리 복지, 일자리 복지라고 하면서 기업을 옹호하여 부의 대물림을 부추긴다"라고 비난할 게 아니라, 인간의 존엄과 가치를 회복해 주기 위한 국가의 의무로서 이제는 기업을 다시 생각해보아야 합니다.

- 2부 -

풍요의 길, 빈곤의 길

우리는 대형사기를 치고 있다.

1. 우리의 현실

 제목은 풍요의 길, 빈곤의 길 이렇게 잡았습니다. 사실은, 제목을 생각하면서, Your Choice, Our Money 가 좋겠다고 생각했습니다. 세금을 내는 국민의 입장에서 생각한다면 이 제목이 더 적절할 것입니다.

 저는 FELA(:Future Economy Leaders Association)라는 경제 단체 모임을 한 5년 전부터 하고 있습니다. 그들의 심정은 절박합니다. 중견기업 오너들의 모임인데 제가 만든 취지가 "사업하다가 감옥가는 일은 없어야 되지 않겠는가?" 라는 생각에서 시작하여 생긴 모임입니다. 한 달에 한 번씩 모이면 4시간씩 공부했습니다. 맥주 1잔 하지 않고 공부합니다. 그렇게 열심히 해야지만 살아갈 수 있는가 봅니다. 이제 규모가 작은 중견기업 같은 경우에는 전문가들이 없기 때문에 CEO가 거의 모든 것을 알아야 됩니다. 그래서 이걸 시작을 했는데 제가 조금 전에 말씀드린 대로 기업 하면서 감옥 가는 건 진짜 억울하거든요. 그런 점에서 여러분들이 기업하는 분들의 절박한 심정을 오늘 제가 대신 전달해 드릴까 생각합니다.

우리의 현실

 우리나라 상황을 보면 그렇게 화려하지 않습니다. 한국경제가 크게 성장했다고 하지만, 그렇지만은 않습니다. 그림자가 너무 짙습니다.

근로자 평균임금

10명 중 3명의 직장인이 월급 200만 원 이하의 봉급을 받고 있습니다. 그 다음에 납세의무자로 소득이 있는데 이 납세의무자 중 실제로 세금을 내지 않는 비중이 40%가 조금 넘습니다. 사람들이 세금을 안 내요. 사실은 세금을 못 내는 거예요. 그 사람들 평균 소득이 월 128만 원 수준입니다. 이 같은 상황에서 "우리 나라가 중진국을 졸업했다 혹은 선진국에 진입했다" 그렇게 얘기하는 건 조금 어불성설이라는 생각이 들어요. 세금을 많이 내는 납세자 비중이 왜 높아져야 되는가 하면 세금을 안 내는 사람이 많아지면, 일본 게이오 대학의 영문학 교수가 오래전에 세금에 철칙이 라는 책을 쓴 적이 있습니다, 그 책에 적힌 이야기입니다만, "세금을 안 내는 사람이 세금을 더 많이 거둬야 된다"고 주장한다는 겁니다. 그리고 어느 나라나 공통된 현상이라고 합니다. 그러면 실제 세금을 내는 납세자의 수는 점점 줄어들게 되고 부담도 무거워지니 소득을 줄이거나 외국으로 이주하거나 하는 겁니다. 그러면 재정은 어떻게 될까요?

빈곤율 / 자살율

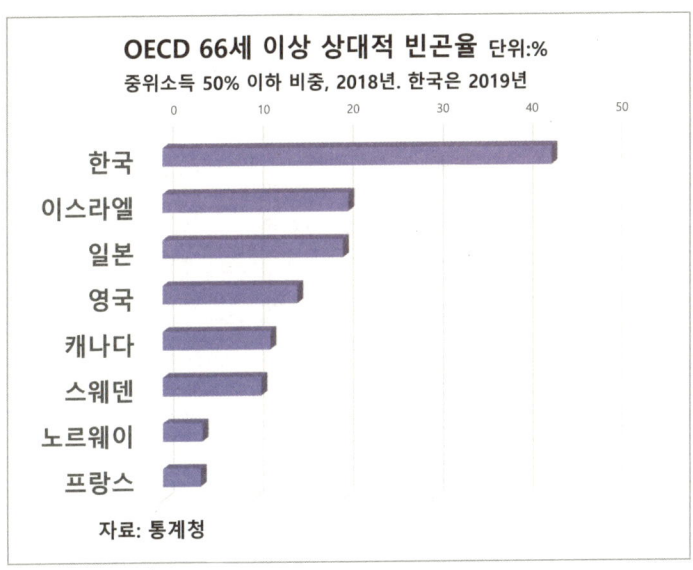

빈곤율도 보면 OECD 기준으로 우리가 65세이상 빈곤율 세계1위입니다. 겨우 8%만이 노후 대비를 하고 있습니다. 자살률도 12년째 OECD 1위입니다. 하루에 30 명씩 자살 합니다. 그런데, 자살 통계를 보면 약 30%가 정신질환이 있고 나머지 28% 약 30% 가까운 게 경제적 빈곤입니다. 잘 사는 서초구에도 탈북자 가족이 작년인가요, 다 자살을 했잖아요.

실업률

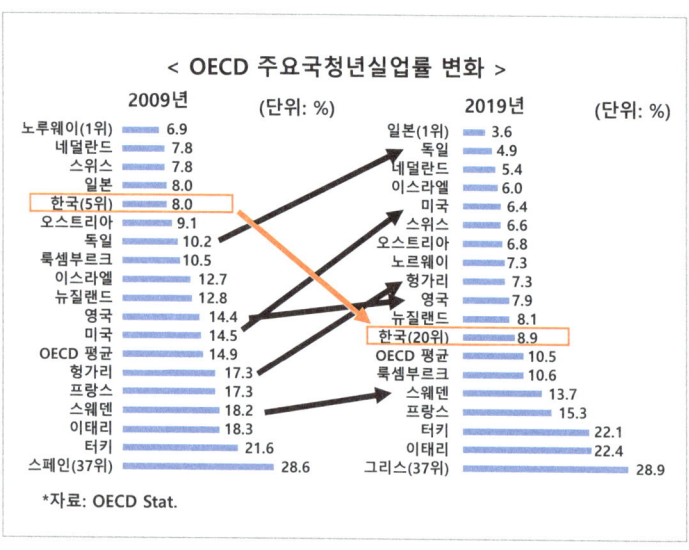

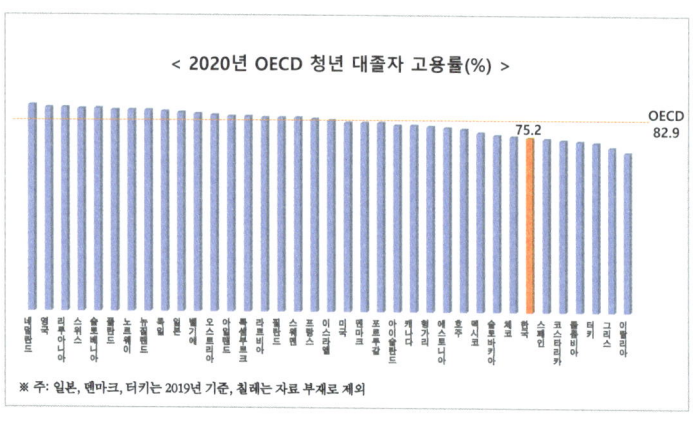

한국 전체 실업률도 대단합니다. 대졸 청년 고용률을 보면 75.2% 인데 상당히 잘 한 것 같은데 OECD 평균이 82% 라는 걸 비교해 보면 굉장히 낮은 수치입니다. 그리고 대졸 청년들의 비경제활동 인구도 20.3%로 OECD 기준으로 나쁜 순서로 하면 세번째입니다. 비경제활동인구가 많으면 많을수록 경제가 나쁜 거잖아요.

취업시장의 불공정

여기에 더하여 고용세습 문제가 있습니다. 불공정 사회의 문제가 더하여 집니다. 최근 뉴스입니다만, 기아자동차 소하리 공장의 신입사원 채용 때 직원 자녀 우선채용 이라는 조항이 있습니다. 이런 조항이 있는데 이걸 왜 안 지키느냐? 라고 노조가 경영진을 압박하고 있는 상황입니다. 몇 년 전에는 전남 광주의 기아자동차 공장에서 신입 계약직 조립라인에 들어가는 직원들한테 돈 받고 채용하는 일이 적발되었습니다. 계약직을 한 2년 한 다음 정규직으로 해주나 봅니다. 그런데 이 자리를 얼마씩 받고 채용한 줄 아시나요? 노조 간부가 한 사람당 2천만원씩 받고 하다가 적발되어 노조의 경영간섭으로 이권챙기기가 문제가 되었습니다.

이런 실업 공포 중에 국내 30대 기업의 24%가 이렇게 고용세습 조항이 있습니다. 강력한 노조가 도리어 강력한 불공정을 행하는 것이지요. 소위 말해서 조선시대 음서제도의 현대판입니다. 그리고 이런 행태가 현실적으로 이렇게 많은 겁니다. 최근 2년 사이에 국립대학병원 10곳에서 재직자의 친인척 560명이나 합격했습니다. 유공자라고 하여 공무원채용 시에 가점을 주는 것도 국민들에게 충분한 설득을 하지 않으면 불공정하다는 비난을 받게 됩니다.

 사실, 이런 것들은, 원래는 노사가 합의해도 반사회 질서 행위로 무효인데 이렇게 힘으로 밀어 부치거나 국회의 다수당의 횡포로 법을 만들어 통과시키니까 이게 불공정 사회라고 소리 높여 지르지 않을 수 없는 거죠.

빈사상태의 사회보장시스템

나머지는 또 어떨까요?

사회보장 시스템은 잘 돌아갈까요? 요양보험 수년내 적자입니다. 고용보험은 어떤가요? 10조원기금 4년만에 고갈됩니다. 건강보험 2년 전부터 연속 3조원대 적자입니다. 돈이 얼마나 많아야 될까요? 사회보장의 핵심 축인 국민연금이 2053년에 고갈될 것으로 예상된다고 합니다. 지금 있는 기금이 고갈되면 어떻게 해야 되는가 하면 당해 연도에 걷어가지고, 즉 세금처럼 당해 연도에 부과하여 그 연도에 받을 사람한테 주는 즉, 부과방식으로 내줘야 할 형편입니다. 그러면 지금 이제 여기 사회보장 중에 국민연금 같은 경우에 5-6% 개인 부담 오 육 퍼센트 개인부담과 회사부담 5-6% 이렇게 할 텐데 이 부담을 20%까지 올려야 됩니다. 그러면 소득세율 40%에 개인이 10%, 기업이 10%이렇게 해야 하는 겁니다. 그러면 50-60% 세율이 되는 것과 마찬가지입니다. 여기에 건강보험료도 인상될 겁니다.

군인연금은 또 어떻습니까? 군인의 고용주는 국가입니

다. 군인연금 적자가 심합니다.

그래서, 적자보전에 연간 5천억원씩 소요됩니다. 적자보전은 공무원 연금도 마찬가지입니다.

공무원연금의 적자보전금도 2019년 2조에서 2023년 3조 3000억원으로 크게 증가했습니다.

그 다음에 그 문재인 정부 들어와서 공무원 증원 한다고 그랬습니다. 그래서 노량진 방문하고, 비정규직 계약직 채용하는 금지하고 정규직 채용 한다고 했는데 이때 2022년까지 17만 명을 증원할 계획인데 이들이 사망전까지 수령할 총 연금액이 92 조원입니다. 돈이 그냥 나올까요?

국민의 40%는 세금 안낸다고 했습니다. 그러면, 나머지 사람이 부담을 해야 되는데 견딜 수 있을지 모르겠어요. 그런데 지금 민주당의 대선후보 중에는 기본소득 주장을 하고 있습니다.

기본소득 논쟁 - 헛간경제

 그래서 이른바 기본 시리즈를 내놓고 있지 않습니까? 기본소득 뿐만 아니라 기본주택, 나아가 기본행복이라는 것도 나올지 모르겠지만, 점점 확대되겠지요.

 그런데, 이러한 포퓰리즘의 핵심이 이제 기본소득이라는 건데, 원래 기본소득은 "일정액을 기본소득으로 줄테니까 다른 사회보장은 없다"라는 것입니다. 이 기본소득이 부족하다면 느끼는 사람은 나와서 일하라는 것이 제도의 요체입니다.

 그래서, 이런 문제가 있기 때문에 핀란드, 노르웨이 등에서도 사회복지체계나 조세제도 등 전체적인 사회 시스템과 연계가 돼 있어서 함부로 이런 제도를 도입하기가 곤란한 거예요. 물론 스위스도 얼마 전 국민투표로 부결했지만요.

 근데 한국은 새로운 걸 굉장히 좋아합니다. "신사는 새 것을 좋아한다." 뭐 그런 얘기를 연상시키는 지 모르겠지만 대선 때만 되면 새로운 아이디어를 물어봐요. 새로운 아이디어 없냐? 저 경험으로도 이회창씨 후보 될 때부터 계속 새로운 아이디어 물어보더라구요. 그런데 말입니다, 새로운 아이디어? 인간 사회에서 새로운 아이디어는 굉장히 유용하기도 하지만, 안전성이 검증될 때까지는 정말 조심해서 다루어야 합니다. 실험을 해보지 않았잖아요! 지금 여러분들이 메신저 RNA 맞는 것에 관해서도 유럽에서 장기적으로 어떤 부작용이 있을지 모르지 않느냐하고 500만 명씩 데모하고, 그러고 있는 것도 실험이라는게 갖고 있는 본래적인 위험성 때문에 그러는 것이지요.

근데 우리나라는 아까 말씀드린 것 처럼 기본소득제도를 도입하자는데, 이것이 우리의 사회보장시스템과 연관이 있는데, 기본적인 사회보장 시스템이 지금 자금고갈로 난리이지 않나요? 요양보험, 건강보험, 국민연금 등이 고갈된다. 군인보험, 공무원연금은 또 어떻습니까? 당장 돈이 필요한데 또 어떻게 없는 돈을 또 마련합니까? 비유적으로 이야기 하면, 집으로 사용하는 본채가 비 새고, 서까래에 금가고, 창문은 깨지고, 벽은 갈라지고 하면서 난리가 났는데, 옆에다 헛간 짓겠다는 것입니다. 그래서 굳이 이러한 사고를 BARN ECONOMY (헛간경제)라고 부르고 싶습니다. Barn이 헛간이라는 의미이니까요. 본체가 난리가 나서 당장 수리가 급한 데 이에 대한 생각은 제쳐두고 헛간으로 시선을 돌리는 것이지요. 본체도 잘 되고 있는데 헛간이 필요하다면 헛간을 지어야지요. 우선순위를 잘 가리는게 한정된 자원으로 효과적인 국정운용을 위하여 필수적인 것인데 참으로 대책이 없구나 라는 생각이 들지 않습니까?

이런 유명한 얘기도 있어요. "복지 포퓰리즘이 복지기반을 무너뜨린다" 라는 겁니다. "돈 버는" 공약이 나와야 되는 것이지, "돈 쓰는" 공약만 있으면 그야말로 빌 공자 공약(空約)이지 않나요? 이제 그런 비난이 있어서 그런지 모르겠는데, 디지털 부분에 135조원을 투자하면, 고용 일자리가 200만개 생긴다고 합니다. 우선 우리 같은 기업환경에서 한국에서의 투자를 장기적으로 더 늘리려 할까요? 설령 그렇게 투자한다고, 디지털로 전환한다고 하여 일자리가 그냥 생깁니까? 결국은 기업이 나서야 합니다. 기업이 위험을 감수할 생각이 있어야 합니다. 기업이 망한다고 정부가 도와주나요? 이득이 생기면 세금으로 챙겨가는 게 국가이지만, 손실이 생기면, 기왕에 낸 세금으로 보전해 주는 국가는 없습니다. 기업이 그렇게 간단하지 않습니다.

국가채무

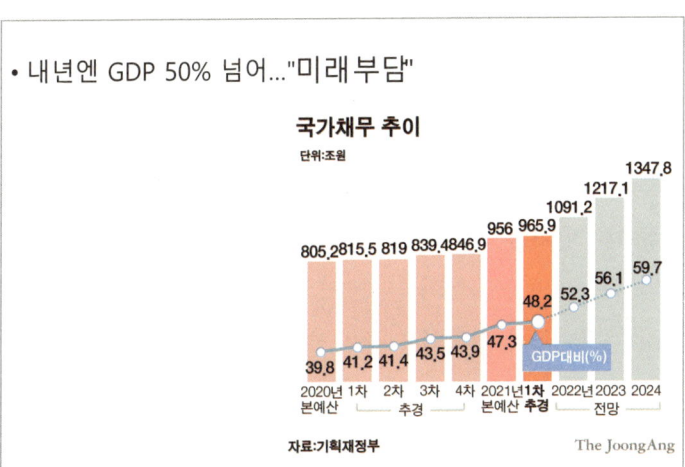

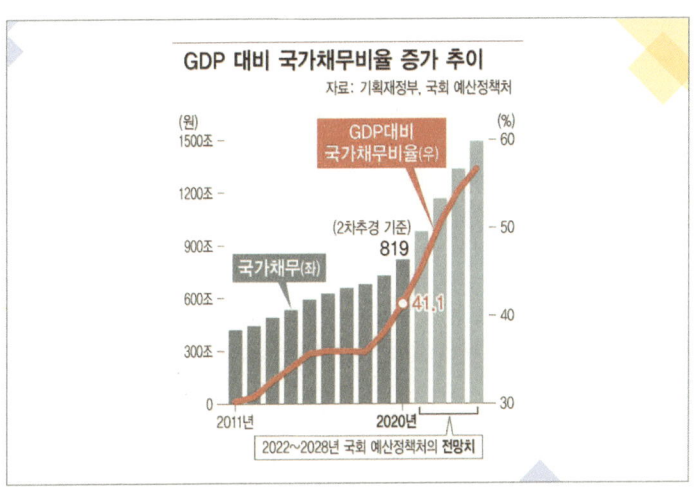

사회보장 하고 별개로 나머지 주변 여건도 참으로 어렵습니다. 우리 국가 상황을 한번 봐야 됩니다. 우리 국가채무라는 걸 보면 지금 이렇게 GDP의 50%를 넘었습니다. 상당히 엄청난 겁니다. 사실은 이것을 좀 더 자세히 보면 2011년부터 2020년까지 거의 10년 사이에 늘어난 것보다 더 급격히 늘어났어요. 물론 팬데믹이라는 영향도 있지만 우리가 좀 더 선별적으로 지출하고 또 이 부분에 관해 장기적으로 로드맵을 좀 갖고 했더라면 잘 관리할 수도 있지 않았을까 하는 아쉬운 생각이 있지만, 하여튼 이렇게 현상은 이렇습니다.

IMF는 "韓 국가채무 비율 증가 속도 35개 선진국 중 1위"라고 발표하였습니다.

한국이 주요 35개 선진국 가운데 경제 규모 대비 국가채무 증가 속도가 가장 빠를 것으로 예상되고 있습니다.

국제통화기금(IMF)의 재정점검보고서(Fiscal Monitor : 2021.10. 12)에 따르면, 2026년 말 한국의 일반정부 국가채무는 국내총생산(GDP) 대비 66.7%를 기록할 것으로 전망하고 있습니다.

월가에서는 "美, 빚 많은 나라부터 돈 뺄 것"… 한국 경제 2023년 심판대 선다고 합니다

여러분께서 잘 아시다시피 2022년 전 세계 중앙은행이 통화 긴축에 나서고 있습니다.

러시아, 브라질, 헝가리, 체코는 올 들어 이미 여러 차례 기

준금리를 올렸다. 노르웨이와 뉴질랜드는 집값 폭등세를 잡기 위해 금리 인상에 들어갔습니다.

미국 연준이 돈을 줄이면 월스트리트의 투자은행들은 세계 각국에 투자한 자산 비중을 축소·재조정하는 작업에 들어갈 것입니다.

그러면, 각국에서의 해외자금이탈이 시작될 것이고, 이 경우 기준으로는 다음과 같은 순서로 자금이탈이 일어날 가능성이 높다고 합니다.

1 : GDP대비 비율(우리나라의 경우 41.9%)
2 : 기축통화국 여부(14개 비기축통화국 평균(41.8%)
3 : 채무증가율 (우리나라 1위)
의 순서로 말입니다.

이 가운데 미국·일본·영국·캐나다 등 기축통화를 사용하는 23개국의 평균은 80.4%, 나머지 14개 비기축통화국 평균은 41.8%다. 우리나라는 비기축통화국가들 중 헝가리(66.3%), 이스라엘(60.0%), 멕시코(53.7%), 콜롬비아(52.3%), 폴란드(46.0%) 등에 이어 상위 6번째입니다.

국가채무가 증가한다는 것의 의미가 무엇일까요? 왜 나라빚이 늘어나면 문제일까요? "무서운 나랏빚… 연 이자만 20조" 이러한 기사의 제목에서 잘 나타나 있습니다.

국회예산처에서는 2021년 자료에서, "2년후면 국채이자 20조"라고 보도하고 있습니다.

이 돈은 한국형 우주발사체 누리호 개발에 들어간 돈의 10배에 달하고, 원전 4기 건설, 전 국민에게 40만원씩 재난지원금을 지급할 수 있는 돈입니다.

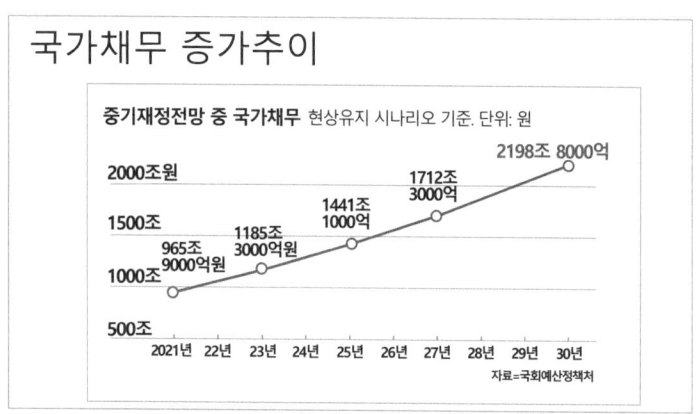

1인당 국가 채무가 1860만원(2021)에서 4230만원(2030년)으로 늘어나게 됩니다. 이 전망대로라면 국내총생산(GDP) 대비 국가 채무[1] 비율이 내년 50.4%에서 2025년 61%로 높아집니다. 2028년에는 71.6%, 2030년에는 78.9%로 80%에 육박하게 됩니다.

---

1) 국가채무의 분류방법 : D1= 중앙정부+지방 정부 부채. D2= D1+ 국민연금공단, 건강보험공단 같은 비영리 공공기관 채무 합산. D3= D2+ 한국전력, 한국토지주택공사 같은 비금융공기업 부채를 포함. D4= D3 + 사회보험과 연금 같은 충당 부채 합산. IMF는 보통 D2를 기준. OECD 는 D4까지 적용하기도. 우리 정부는 가장 낮은 D1을 기준으로 발표.

가계부채 문제

 그럼 국가의 재정은 이렇다고 하고. 그런데, 국가라는 존재가 무엇인가요? 정치적, 철학적인 의미를 탐구하지 않고 직설적으로 비유하면, 우리 학교 동창회와 비교할 수 있습니다. 동창들이 회비 모아서 동창회를 운영하는데, 동창회 재정이 빚만 잔뜩 있는 거예요. 그러면 동창회 회원들이라도 좀 잘 살아야 될 텐데, 이 회원들마저 가난하다면 그 동창회는 오래 계속될 수 없을 겁니다. 이 회원들이 바로 거시경제적으로 보면 가계입니다. 회원들의 호주머니 사정을 살펴 볼 수 있는 게 바로 가계부채 상황입니다.

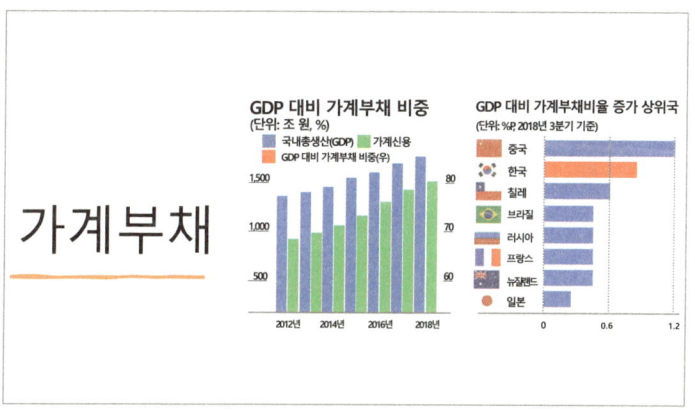

현주소-가계부채

- 가계부채급증 GDP대비 104% 즉, GDP초과 .조사대상37개국 중 유일(2021. 11. 15)

그런데, 이 가계부채가 이렇게 급속히 증가했어요. 중국에도 잘 사는 사람은 굉장히 잘 산다고 하고, 그 숫자는 5천만명이 넘는다거나 하는 이야기도 있습니다만, 설령 1억명이 대단한 부자라고 하더라도 나머지 대다수의 10억 넘는 인구들은 가난하다는 이야기를 합니다만, 하여튼 통계상으로는 중국의 가계부채가 세계 제1입니다. 그 다음이 바로 한국입니다. 가계부채 비율이 급증하여 GDP 대비 100%를 넘었어요. 이미 GDP 규모를 넘어섰어요. 동창회가 발전하자면 동창회 회원들의 주머니가 두둑해야 될 텐데 이게 빚이 점점 더 늘어나는 거죠. 그렇다면 그 동창회의 존속이 의심될 수 있잖아요? 그래서 이게 이제는 미래 세대 부담으로 넘어가게 되는 겁니다.

최근 신문 보도에 따르면, 2019년 이후 출생한 미래세대의 조세부담, 이는 이제 자기가 세금 내고 사회 보험료 납부를 하는 돈에서 복지혜택을 뺀 부분이 순조세부담 인데 이게 1억 4000만원이란 것입니다. 지금 현재 우리가 얼마를 혜택을 보고 있는지 우리가 얼마나 부담을 지우는 비교해 보면 이것이 얼마나 큰지 알 수 있습니다. 그러니까 지금과 같이 이런 걸 납부하면 753 만원 정도 증가하면 되는데, 즉 750여만원만 더 내면 되는데, 이렇게 하면 1억4000만원을 더 내야 되는 것이고, 이를 젊은 세대들이 부담하여야 하는 것이지요.

젊은 애들이 왜 애를 가지려고 하지 않는지, 아니 아예 결혼을 왜 하지 않으려고 하는 지에 관하여, 이 같은 부담을 고려하지 못했습니다. "아! 역시 젊은이 들이 영리해서 이런 문제까지 고려 하였나 보다"라는 생각도 들 정도입니다.

미래세대에 부담지우는 대형사기

이렇게 되면, 미래세대 부담이 눈덩이처럼 커지는 것이지요. 정부 지출이 급격히 늘었기 때문에 그런 것이지요. 이것은 당연한 귀결인 것입니다.

그런데 그럼 이걸 어떻게 평가해야 될 것이냐? 사회 현상은 현상이라는 게 존재하고 그것을 우리가 어떻게 인식하느냐가 중요합니다.

여러분은 폰지 사기라는 이야기를 들어보셨을 것입니다. 옛날에 이태리에 사기꾼 폰지라는 사람의 이름에서 따온 것이지요. 최근에 폰지사기로 유명한 사람이 등장했지요. 메이도프라는 인간이지요. 엄청난 사기를 했지요. 방식은 이렇습니다. 돈을 빌리기 위해, "수익을 많이 챙겨 줄테니 나한테 투자해라" 해서 고이율로, 예를 들면 30%로, 먼저 돈 빌려 준 사람에게 챙겨 줍니다. 이자를 많이 받으니까 돈을 왕창 빌려 주겠죠. 그러면 받은 돈에서 이자율 30%를 주는 겁니다. 이렇게 하는 사이에 계속 또 다른 투자자들을 유인하는 겁니다. "와!. 이자 확실히 주네. 더 맡겨야지." "맞아 요새 세상에 이런 투자처가 어디 있겠나?"하면서 사람들이 자꾸 몰려 와요. 그렇게 해서 생긴 사건이 바로 메이도프라는 인간이 벌인 사기행각입니다. 그런데 그게 얼마나 오래 가겠어요? 종말이 올 수 밖에 없는 것이지요. 아무튼 그 인간은 사기행각 당시에 유명인사이었으니 피해자들의 신뢰가 더 커서 피해가 엄청 났지요. 나중에 잡혀 감옥에서 죽기는 했어요. 근데 이때 72조 5천억원 정도의 사기행각을 벌인 겁니다.

이것이 결국 뭔가 하면 새로운 투자자 돈으로 기존의 투자자에게 배당을 지급하는 소위 하석 상대(아랫돌 빼서 윗돌 괴고 윗돌 빼서 아랫돌 괴기)식 메카니즘인데, 폰지사기라는 것입니다. 에리브러함 링컨이 미래세대에게 부담을 지우는 건 대형 사기나 다름없다라고 했다고 합니다. 우리 살자고 정부재정 바닥내고, 사회보장재원 고갈내고, 가계 부채 늘려 놓고, 그렇게 하면 누가 부담하나요? 결국은 우리 귀여운 다음 세대들이 부담하게 되는 겁니다. 후손들은 저 세상에 가 있는 우리들을 원망할 겁니다. 이제는 더 이상 미루지 말아야 합니다. 우리의 후손들에게 대형사기를 쳐서는 안됩니다. 거짓말도 크게 하면 거짓말인 줄 모릅니다. 작은 범죄는 처벌하지만, 커다란 질서 파괴자는 정치행위라는 이름으로, 정치탄압이라는 이름으로 큰 범죄를 범죄가 아닌 정치문제로 치환합니다. 더 이상 이성의 문제를 감정의 문제로 치환하여서도 안됩니다. 미래세대에 짐을 지우는 이런 행위들은 우리가 귀여운 손자 손녀들에게 사기치는 겁니다. 그것도 대형 사기를 치는 것입니다.

2. 그러면 지금부터 이제 어떻게 인식을 전환해야 될 것인가?

　우리 옛말에 "가난구제는 나라도 못한다" 는 말이 있습니다. 가난으로부터 벗어 날 방법은 없다즉 아무도 가난으로부터 못 구하여 준다라는 의미로 쓰였는데 과거에는 왕이 모든 것을 다 통제 하니까 결국 계획경제의 셈이죠. 자기 멋대로 하는 셈이지요. 이를 좀 더 조악(粗惡)하게 표현하면, 왕이 혼자 다 해먹은 겁니다. 그 후 새로운 공산주의시스템이 등장하였습니다. 거기서는 노동자, 프롤레타리아를 위한다면서 소위 지배계급에 있는 공산당 간부 몇 사람이 국가의 경제를 놓고 마음놓고 해먹었지요. 이에 반하여 자본주의 시장경제체제 아래서는, 여러 사람이 즉, 기업하고 싶은 사람들이 부를 축적하는, 즉 부의 축적이 기업을 하고 싶어하는 여러 사람들에 의하여 이루어 지는 겁니다.

　그런데 현대 시장경제를 표방하는 국가라고 하더라도, 이 국가의 기본적인 성격은 생산 주체가 아닙니다. 여기서도 여전히 기업이 생산주체이기 때문에 기업을 활용하지 않으면, 경제성장이라는 것은 불가능한 것입니다. 이 기업, 구체적으로 경영자가 하는 일이 무엇인가 하면, 생산요소를 결합하여 경영성과를 내는 것입니다. 국가는 이러한 기업들이 활성화되어 국가경제에 기여하게끔 해야 되는 거예요. 그렇게 하면, 가난구제는 물론이거니와 가난을 벗어나 풍요를 누리게 할 수도 있습니다. 그런데, 기업이 경쟁력을 잃으면 자연 소멸되고, 그러면 일자리도 없어지고, 가난은 영속화되는 겁니다. 우리가 일자리가 없었던 50·60년대나 IMF시대의 기업부도로 갑자기 실직자가 되어 가난을 뼈저리게 체험한 바입니다.

등소평이 중국을 개방하여 외국기업들 불러 들여 중국이 갑자기 그 동안 성장해 온 겁니다. 물론 다른 문제도 있지만, 오늘 날 G2로까지 성장한 가장 큰 배경은 기업을 성장시킨 덕입니다. 그래서 정부의 역할은 경쟁력 강화를 하는 일입니다.

구체적으로 어떤 내용들이 기업의 경쟁력강화를 위하여, 국가가 할 수 있는 일일까요? 예를 들면, 노동시장이 경직되어 있으면 함부로 채용했다가는 해고도 못하고, 기업이 망할 때까지 같이 가는 것이 됩니다. (물론 정리해고 제도가 있기는 합니다만, 그 보다 정도가 약한 경우가 수없이 많이 있을 겁니다. 그리고 정리해고를 할 정도에 이르면 기업은 사실상 더 이상 살아남기 힘든 상황이 됩니다. 그 이전에 선제적인 조치가 취하여져야 비교적 살아남기가 쉬울 겁니다. 그런데도 고용조정이 안되는 겁니다.) 그럼 어떻게 하겠어요? 기업 문 닫고 마는 것입니다. 어디 이것 뿐이겠습니까? 물가문제, 법집행의 일관성, 투명성, 공정거래 문제 등 모두 연관되어 있는 것입니다. 더구나 가장 중요한 신뢰할 수 있는 사법시스템이 있어야 합니다. 이런 것들이 갖춰져야 되고 교통, 통신 등 인프라도 갖춰야 되고, 교육수준, 금융, 조세 부담 이런 것들이 다 경쟁력 하고 연계가 있는 요소들입니다. 그런데 이런 환경은 기업의 외부환경을 구성하는 것이고 바로 국가가 이런 역할을 얼마나 하느냐가 경쟁력을 좌우하는 것이 됩니다. 한마디로 요약하면 "정부가 제구실을 못하면 기업은 떠난다" 라는 인식을 가져야 합니다. 너무나 당연하죠. 특히 조세부담은 기업으로서는 정말 심각한 문제입니다. 단기적으로는 법인에게 매기는 법인세가 그 핵심입니다. 그리고 장기적으로는 기업주식의 상속에 대한 문제입니다. 전자는 기업의 단기적 자금흐름과, 미래성장동력을 확보하기 위한 R&D 투자에 당장 영향을 미칩니다. 후자는 장기적으로 기업의 경영안정화에 지대한 영향을 미칩니다.

하지만 많은 사람들이 이 같은 국가의 임무, 즉 일자리 만들어내고, 기업을 성장시키는데 국가가 어떤 역할을 해야하는지에 관하여 다른 정치적 이슈에 매몰되어 의외로 간과하고 있습니다. 너무나 당연한 것인데 사람들은 잊고 있어요. 그냥 되는 것인 줄 알아요. 마치 공기가 없으면 하루도 살지 못하는

데도 우리가 공기의 고마움을 잊고 있고, 미세먼지가 며칠 동안 온 하늘을 뒤덮고 나서야 맑은 공기의 고마움을 아는 것 처럼 말입니다. 부모님의 은혜도 보이지 않으니 늘 당연하게 여기거나 잊고 사는 것과 마찬가지입니다. 원래 지극히 중요한 것은 보이지 않는 것입니다. 절대적으로 중요한 것은 존재조차도 의식하지 못한 채로 살아가는 것이 인간입니다. 당하기 전에 준비하는 국민에게 국가가 보장되는 것이지 당하고도 정신차리지 못하는 국민에게는 더 이상 나라는 없는 것입니다.

구체적으로 기업의 해외이주에 관하여 조금 보기로 합시다. 이를 영어로는 Corporate Inversion이라고 하는데 미국에서도 이러한 현상이 심하여 법률로 부담을 지우는 일을 하고 있어도 이들의 해외이주를 막을 수 없는 형편입니다.

2016년에 이탈리아의 자동차 피아트가 크라이슬러와 합병해서 본사를 이태리에 두면 도저히 안되겠다고 생각했습니다. 도대체 이태리의 반기업 정서가 너무 심하고, 속된 말로 기업을 너무 뜯어 먹으니까 안되겠다 해서 네덜란드로 회사를 옮겼습니다. 그래서 이탈리아 기업들의 도미노 이탈 현상이 생겼어요. 이탈리아의 대표적 기업이 해외이주를 하니 그 영향이 매우 지대하였을 겁니다. 그래서 이태리의 국민소득이 떨어지게 되고 우리가 이태리의 GDP를 초과 했네 어쩌네 하는 얘기들이 나오는 겁니다. 또 다른 예를 볼까요?

스웨덴을 대표하는 최대 가구업체 이케아 이야기입니다. 일본은 이케아가 성공을 못했지만 한국에서는 이케아가 성공하고 있어요. 근데 이 스웨덴이 엄청난 복지 비용을 요구하잖아요? 그러니까 네덜란드로 가는 거예요.

가전업계의 애플이라고 할 수 있는 다이슨이 영국에서 싱가포르로 가는 갔습니다. 기업에는 국경이 없는 겁니다. 돈 가지고 일자리 가지고 들어오는 기업을 반기지 않는 나라는 하나도 없습니다. 또한 기업인들은 살아 남아야 되니까 가장 적합한 환경으로 이주할 수 밖에 없는 겁니다.

그래서, 고율의 법인세, 반기업 정서, 노동시장의 경직성, 경영의 자유 제약 이런 것이 있으면 그냥 한국을 빠져나가는 겁니다. 이미 스타트업들은 시작되었습니다. 제가 관여하고 있는 FELA라는 기업경영자 모임의 젊은 친구는 커질 것 같으니까 미국에서 본사를 차리고 한국에서 자회사를 두는 방식으로 회사구조를 만들었습니다. 작은 기업만 그런 거 아닙니다. 스타트업들은 대부분 다 그런 생각을 합니다. 미국에 법인을 설립하여 한국 본사를 그 아래에 두면 미국 본사와 한국 지사 형태가 돼요. 지금 쿠팡이라는 회사도 이 같은 방식을 취하고 있는 것이지요. 쿠팡의 영업이익은 아직 적자이지만(2022

년 3분기 770억원정도로 흑자전환됨), 기업 가치가 37조가 된다고 합니다(2022 기준). 보다 정확히 이야기하면, 국내회사인 쿠팡(주)은 미국회사인 Coupang LLC의 100% 자회사입니다. 그리고, 뉴욕증시에 상장하는 회사는 지주회사 격인 미국회사 Coupang LLC인겁니다.

최근 통계에 의하면 한 해에 30조원 이상씩 기업들이 해외로 나가고 있습니다. 우리 일자리는 그 만큼 줄어드는 것이고요. 왜 나간 기업은 물론이고 해외에 있는 외국기업을 불러들이지 못하는 건가요? 이게 모두 정부의 역할과 관련있는 문제입니다.

좀 더 구체적으로 정부 역할은 어떻게 자리매김하여야 하느냐?

한마디로 규제와 부담은 최소화하고, 인센티브는 최대화하여야 합니다. 한국 밖에 사업할 수 있는 곳이 만약에 없다면, 채찍이나 페널티나 규제를 가하는 효과가 있겠지만 다른 나라에서는 더 좋은 인센티브를 주는데 왜 안 가겠습니까? 현대자동차 알라바마 공장도 필요한 만큼 아니 그 이상으로도 부지를 무상으로 제공하였습니다. 공장건설 비용도 지원하고요. 노동문제도 최대한 발생하지 않도록 해주겠다고 하고.. 이렇게 해 주는 나라가 있는데, 경영환경이 힘든 한국에서 굳이 자동차공장을 더 지을 필요가 없겠지요? 있던 공장도 폐쇄하고픈 심정일 겁니다.

왜 미국의 앨라바마주 정부는 현대자동차에게 그 많은 인센티브를 주었을까요? 이를 주는 대신 공장준공일 부터 고용인원 스케줄을 요구하는 것입니다. 그걸 못하면 이자를 덧 붙여 들어간 돈을 받아내는 것이지요. 즉, 일자리를 만들기 위한 것입니다. 일자리 만들기 위해서 돌아다니는 직업이 정치인이더라구요.

정부가 기업을 대신하여 일자리를 만들 수 없고, 부를 창조할 수도 없습니다.

나중에 조금 더 말씀드리겠습니다만, 궁극적으로는 인센티브를 넘어서 기업활동의 자유가 보장되어야 국제경쟁력이 있지 않겠어요? 보상을 넘어 기업활동의 자유보장이 굉장히 중요합니다.

기업은 주도성, 전문성, 목적성을 지향하도록 그렇게 훈련이 되어 있습니다. 그렇지 않으면 경쟁력이 없어요. 남이 하지 않는 것을 만들어야 하지 않나요? 또, 같은 물건이나 서비스를 생산·제공하더라도 공정기술이 남보다 우수해야 되고, 그리고 그 기업이 존속하려면, 사회적인 목적과 합치하여야 존속이 가능하지 않겠습니까? 반사회적 기업은 살아남을 수 없습니다. 이런 요건을 갖추지 못하면 지금의 자유시장경제에서 생존이 불가능 합니다. 예를 들면, 햄버거 만들면서 장화 신고 들어가서 식재료를 밟고 이렇게 하면 되겠어요? 여기서 주도성은 우리 삶의 방향을 결정하고 싶어하는 욕망, 전문성은 좀 더 잘 하고자 하는 욕망, 목적성은 뭔가 의미 있고 중요한 일을 하고 싶은 욕망을 말하는데, 이러한 면에서 경쟁력을 갖춘 기업이 되어야 하는 것입니다.

그런데, 이런 얘기를 이미 많이 들은 겁니다. 전혀 새로운 것이 아닙니다. 다만 이제 이렇게 그럴듯하게 영어로 써놓아서 그런건데 실제로 공자가 기원전 에도 이런 얘기 하셨어요. '아는 사람은 좋아하는 사람만 못하고, 좋아하는 사람은 즐기는 사람만 못하다(知之者 不如好之者, 好之者 不如樂之者)' 주도성, 전문성, 목적성을 가지고 즐기는 기업이 되어야 경쟁력 최고의 기업이 되는 것입니다. 즐기자면 자유가 있어야 되는 거죠. 자유없이 어떻게 즐길 수 있겠습니까?

정부가 지금까지는 어떤 생각을 하는지 모르겠지만은, 살아남는 기업이 사회에 유익한 기업이다라는 생각을 이제는 좀 하여야 합니다. 작은 기업이 선이 아니라, 경쟁력 갖춘 기업이 선이다. 작은 기업은 성장하기 위한 존재이다라고 말입니다.

Size-dependent policy에서 탈피하여 value-chain상에서 부가가치를 높일 수 있는 분야와 협업을 강구해야 합니다. 정부의 경제정책의 대부분은 일자리를 만든다는 생각으로 중소기업 보호 정책에 치중하고, 비록 일시적인 일자리도 그걸 만드는데 급급해 있었지, 살아남는 기업을 만들어야 한다는 식의 인식은 좀 부족했던 것 같습니다. 근데 실제로는 해외 시장은 물론이고 국내 시장도 경쟁력이 없으면 안되죠. 왜 그런가 하면, 우리가 조그마한 티슈 하나도 P&G가 들어와 있지 않나요?

여기서 경쟁력에는 잠재적 경쟁력도 반드시 필요합니다. 잠재력, 지금은 없더라도 잠재적 경쟁력이 없으면 이제 살아남을 수 없어요. 그래서 우리가 중소기업을 보호하겠다고 몇 가지 제도를 시행했는데 그렇게 했더니만 오히려 중소기업의 경쟁력도 떨어지고, 소비자의 편익도 저하되어 경제 전체로 악영향만 가져오는 결과가 되었습니다. 우리가 3년 전에 3D프린터를 중소기업 경쟁제품 지정을 해 놓았더니, 지정 당시 기술 수준은 미국과 비슷했는데 뒤처지고, 그 사이에 우리 중소기업은 기술개발을 제쳐두고, 대신 중국 제품을 수입해서 공급하는 거예요. 재주는 원숭이가 부리고, 돈은 왕서방이 벌어가는 것과 비슷한 상황이 되었습니다. 결국 소비자에게 피해만 전가되고, 국내 산업기술은 뒤처지게 된 것입니다.

비교규제

 그 동안 우리 사회에서 규제 혁신, 규제타파, 규제 샌드박스 이런 얘기들을 많이 했는데 저는 그냥 쉽게 설명할 수 있을 것 같아요. 우리의 경쟁 상대국과 동일한 정도의 규제만 허용해야 된다는 것입니다.

 축구경기를 예를 들면 "왼발잡이 선수는 선천적으로 신체적 특혜를 타고났다"고 하여, 또 "한 선수가 30미터 이상 단독 드리블 하면 너무 혼자만 기회를 갖는다" 하여, 우리 나라에서만 이를 금지하면 월드컵 축구대회에서 어떻게 좋은 성적을 기대할 수 있겠습니까? 월드컵 불가능하잖아요?
 우리나라의 전체 수출에서의 중견. 중소기업의 역할을 보면, 지금 정부는 여기에다가 집중을 하고 있습니다만, 대기업에 비하여 그 역할이 크지 않습니다. 현실적으로 보면, "앞에서 인용한 그림과 같이(p..112 참조)," 대기업이 71 개밖에 안 되지만은 수출에 차지하는 비율이 67% 입니다. 나중에 보시겠지만 이 중견, 중소기업이 대기업에 의존하는 비중이 70% 이상이 됩니다. 대기업 없이는 우리가 할 수 있는 경제성장에는 한계가 있습니다. 이상은 어떨지 모르겠는데, 정세균 총리가 중견기업이 중요하다고 아무리 강조하고, 이를 "항아리 경제"라고 부르고 한국경제가 장래 모습을 이에 맞추려고 하여도 한계가 있습니다. "항아리 경제"가 있으면 뭐합니까?

오히려 지금과 같은 상황에서는, 4대 그룹과 같은 대기업을 우리가 더 만들 수 있다면 GDP가 50% 정도 성장할 수 있어요. 무슨 중소기업이 일자리 백만개 이런 거 필요 없어요. 4대그룹의 매출이 GDP의 44%나 차지하고 있고, 또 우리나라 중소.중견기업의 대기업 의존도가 이 자동차산업 전자산업에 각각 75% 80% 이상씩 입니다. 현실을 애써 외면하고 마치 중견·중소기업이 착한 기업인양 또는 우리 경제의 축인양 떠 받드는 것은 나쁘다고 할 수는 없지만, 현실적인 대안은 될 수 없습니다. 대기업에 다니고 있는 사람들 조차 재벌 욕하면서 대기업에 다니고 싶어하고 중견 중소기업으로 가려고 생각도 하지 않습니다. 신규취업자도 제1차 목표는 모두 대기업취업입니다. 연봉, 복지, 직장의 안정성 모든 면에서 비교가 되지 않으니까요. 당연한 것입니다. 그러면서 정부당국에서는 대기업은 재벌이라고 때리고 온갖 규제를 가하고 있는 것이지요. 얼마나 이중적입니까? 대기업의 불공정행위는 시정하되 대기업의 성장을 지원하는 데 그렇게 백안시 할 필요가 없는 것입니다.

조세정책의 재점검

 사실 산업정책에서 가장 중요한 것은 어쩌면 재정정책, 그 중에서도 조세정책일 겁니다. 기업이 열심히 돈을 벌어도 계속 굴러가는 데 들어가는 데 필요한 운전자금과 성장을 하기 위한 R&D자금, 새로운 사업을 위한 M&A 자금, 그리고 비상시 필요한 각종 여유자금 등이 넉넉하여야 그 기업이 안정적인 경영을 할 수 있는 것입니다. 즉, 기업을 중심으로 하는 민간 부문에 활력이 있어야 합니다. 그런데 법인세 등 조세부담은 이러한 민간부문의 활력을 정부가 빼앗아 가는 것입니다. 국가 공동체를 위하여 꼭 필요한 것이지만, 그렇다고 이것이 경쟁상대국과 비교하여 더 많아지거나 혹은 우리가 경쟁력을 더 갖추려면 이에 대한 혜택이 더 있어야 합니다. 기업이 100을 벌었는데 법인세 25를 가져가고, 나머지 75 중에서 종업원 성과급, 주주의 배당금, 기업의 R&D, M&A자금등으로 나누어 사용하고 개인들에게 돌아가는 성과급이나 배당금에 다시 40의 소득세를 징수하고 여기에 지방소득세 재산세 등을 다시 징수하고 나면 그 나머지로 생활비로 지출하고 나머지를 회사운영을 위한 주식투자 등으로 사용할 수 있는 것입니다. 결국 정리하면, 기업이 벌어 들인 돈은 국가가 최대주주로서 큰 덩어리를 가져가고 나머지 남는 돈으로 다시 새로운 GDP생산을 위한 자금으로 쓰이는 것입니다. 한마디로 민간부문의 활력이 그만큼 없어지는 것입니다. 그래서 조세부담이 낮은 나라로 모든 기업들이 기를 쓰고 가려고 하는 이유입니다.

미국 레이건의 경제정책을 레이거노믹스라고 불리는데 정부 지출의 축소, 노동과 자본에 대한 소득세 한계세율을 낮춤,정부 규제의 축소,인플레이션을 줄이기 위한 화폐 공급량의 조절 등을 주된 내용으로 하는 정책이었습니다. 소득세와 법인세율을 공히 성경에 나오는 십일조 즉 10% 수준으로 하는 것이 이상적이라는 주장까지 하였습니다. 그러나 이 같은 수준까지는 가지는 못했지만, 직접세율을 상당히 인하하여, 그 이후 클린턴 시대의 번영의 시대인 New Economy로 연결되는 효과도 있었습니다. 궁극적으로 조세 부담을 완화하여만 민간 부문의 활력이 생기고 그게 장기적으로 재정을 더 충실하게 할 수 있는 것입니다.

이제까지의 이야기를 정리하면, 조세는 민간부문의 부를 국가로 옮기는 메커니즘이고, 국가는 기본적으로 생산주체가 아니라 소비주체이고, 조세부담이 많다는 의미는 민간부문의 활력을 국가로 과도하게 옮긴다는 의미이며, 기업의 활력없이는 성장동력은 기대할 수 없다. 반대로 민간활력이 생기면 조세수입을 더 늘어날 수 있다라고 할 수 있습니다.

Entrepreneurship의 고양

 이런 것이 모두 총체적으로 기업가 정신을 고양시키기 때문입니다. 起業家(創業家) 정신이란 이 같은 외부환경이외에도 본질적으로 몰입능력 · 성취욕 · 기회탐색 · 책임감 · 문제해결을 향한 인내력 · 위험감수능력, 실패에 대한 인내력 · 창조적 혁신적 사고, 확고한 비전 등이 요구됩니다. 이러한 정신을 가진 기업가들이 성공한 기업을 만듭니다. 이러한 기업이 지속가능한 기업이 될 가능성도 큽니다. 그러나 이 과정에서도 기업이 영속적으로 존속하기 위하여는 지속적인 고도의 위험감수, 인내력, 비상한 노력의 요구됩니다. 정말 쉽지 않은 과정입니다.

 이러한 정신을 고양시키려면 이에 대한 보상이 사회적으로 인정되어야 합니다. 이것이 사유재산제도와 경제활동의 자유입니다. 사유재산제는 자신의 재산을 자기가 원하는 방향으로 사용할 수 있는 제도이고 이 중에는 상속도 포함합니다. 그런데, 현재와 같은 상속세를 두고는 사유재산제도를 통한 기업가 정신의 고양은 곤란하지요.

개인적 이기심이 결과적으로 사회에 도움이 되는 이타심이 되도록 하는 제도가 사유재산제도이므로, 이 제도의 기초는 상속이 되어야 완전하게 작동합니다. 그래서, 상속세의 감면이 필요합니다. 실제 상속세 폐지는 과세이연에 불과합니다. 주식양도시에 양도소득세로 과세할 수 있기 때문입니다. 적어도 경영권에 필수적인 지분의 상속은 상속세 과세면제가 필요합니다.

이에 더하여, 공익재단의 활성화 라든가 차등의결권 제도 같은 게 보완되어야 합니다. 로스차일드나 마이크로소프트의 빌 게이츠 다 재단 이사장을 하는 거예요. 그러면서 경영권을 유지하는 겁니다. 우리는 공익법인제도가 있지만 대기업의 경우 의결권주식을 공익재단에 출연하는 경우 5%정도만 증여세 면제를 해 주는 겁니다. 일본은 아예 양도세 면제를 해주는 겁니다. 그리고 차등의결권제도는 아예 없습니다.

올림픽, 월드컵 등 국제대회에서 좋은 성적을 거둔 선수에게 병역혜택을 주고 연금혜택을 주는 것은 이들의 이기심을 활용하여 국가적 자긍심을 얻기 위한 것입니다.

기업을 성장, 발전시켜 수 많은 일자리를 만들고, 조세수입을 가져다 주고, 사회보장시스템이 돌아가게 만드는 기업가들에게 사회전체가 이들을 유도하는 당근책이 있는 게 당연합니다. 외국의 경우처럼, 상속세 면제, 공익재단활용의 기업승계. 차등의결권 등을 통한 지속가능성을 높혀 주어야 합니다.

기업가 정신을 고양하는 것은 기업가의 개인적인 이기심이라고 하더라도 이를 일자리와 소득창출을 하게 만드는 구조로 전환시키는 정교한 제도를 운영하는 게 자유시장경제의 장점일 수 있습니다.

시기와 질투심을 사업성공으로 연결지을 수 있어야 하고, 반대로 회사에 대한 경영방해(노조투쟁의 본질적 경영 방해, 노조의 정치투쟁, 기업가에 대한 인신공격 등)로 연결되지 않도록 제도적 장치가 필요합니다.

일반에게 개방된 청남대 등 지방 소재의 대통령 별장을 외국바이어를 접대하려는 중소기업에 유료로 짧은 기간 이용하게 하는 방안도 고려하여 볼 만합니다.
대통령의 경제에 관한 의지를 나타내는 상징적 의미도 큽니다.

실제 영빈관을 가지지 못한 기업들이 해외 중요 고객을 대통령 별장에서 1-2박 하면서 사업에 성과를 내도록 하면 의미가 더욱 클 수 있습니다.

중견 · 중소기업의 마케팅 활성화

 중소기업의 대부분은 지방에 소재하고 회사내에 외국 고객을 위한 전시관을 갖춘 회사도 흔치 않은 게 현실입니다.

 서울의 교통요지에 자리 잡은 무역협회 회관내 중견 · 중소기업의 홍보를 위한 장소를 마련하여 기업들이 순환하여 가면서 자신들의 제품이나 서비스를 소개하면 멀리 이동하지 않고도 외국 바이어들을 불러 들일 수 있고, 그 기회에 다른 기업의 홍보도 함께 하는 효과도 있습니다.

3. 몇 가지 전략

다음에서 세가지 정도의 구체적인 방안에 관하여 보겠습니다.

중소기업정책의 파괴적 혁신

중소기업정책의 궁극적 목표는 양질일자리 창출입니다. 중소기업이라는 보호에 안주하여 더 이상 일자리 창출에 기여하지 못하면 국민의 혈세로 더 이상 보호할 이유가 없습니다.

일정기간 보호받으면 자립하여, 스스로 경쟁력을 갖추어 이러한 목적에 기여하여야 합니다.

중소기업정책에 성장전략과 소비자 보호의 관점을 도입하여야 합니다. 중소기업간 경쟁제도와 중소기업적합업종 제도는 파괴적 혁신/혹은 폐지되어야 합니다. 그리하여, 치열하게 경쟁하여 국제시장에서도 경쟁력을 갖추도록 하여야 합니다.

OECD어느 국가에도 없는 제도입니다. 중세길드제도를 현대국가에서도 보호하는 셈입니다. 중소기업이 성장할 수 있도록 밀어주고, 그것이 소비자 혹은 국민에게 혜택이 되도록 제도적 개선·하여야 합니다. 중세의 길드조직을 보호하는 것과 유사한 현행 제도는 산업혁신과 글로벌 시장 진출을 오히려 막는 결과를 초래합니다.

스타벅스 커피전략
/ 농산무역 전략

 동네 커피 점 이상으로 커지지 않으면 글로벌 시장 진출은 불가능합니다 이러한 성장에 정부가 역할을 하여야 합니다. 직접적 지원이 아닌 간접적 유도로 이 목표를 달성할 수 있습니다.

 동종 업종 끼리 Alliance를 통하여 대형화를 유도하고 이를 통하여 R&D여력과 글로벌 시장 진출도 가능하도록 하여야 할 것입니다. - 전국 파프리카 농가를 결집하여 생산에서 마케팅 출하까지 관리하는 농산무역 ㈜ 모델이 참고가 될 것입니다.

New Biz Model과 Old Biz 의 이해충돌: Biz-Grafting (비즈니스접합)

 타다라는 새로운 형태의 택시의 등장시, 기존 택시업계와의 충돌로 시장에서 사라지고, 현재의 심야 택시대란이 일어났습니다. 이는 양쪽 모두에 불리합니다.

 새로운 비즈니스 모델로 구 비즈니스와 이해관계 충돌시 새로운 회사에 양자가 모두 참여하여 공동경영하거나 공동 자본참여로 그 수익을 나누는 방안을 고려하여야 합니다.

 자본참가방식, 자본과 인력참가 방식 등 다양한 방식이 가능할 것입니다. 식물의 한 부분을 떼어내어 다른 식물로 이식하는 접붙이기 grafting하듯이 Biz-Grafting이 필요하다.

4. 가장 중요한 국가성장전략

외국기업 적극적 유치 전략

　지금 한국에는 거의 미국의 대부분의 주 정부가 한국기업유치를 위하여 기업유치사무소를 두고 있습니다. 벨기에 정부도 독일 정부도 예외가 아닙니다. 국왕의 한국 방문시에도 기업유치가 제1순위 업무입니다. 벨기에 정부는 자국에 투자하는 기업에게 금융비용이자부담을 약속하고, 미국 주 정부는 공장짓는 비용도 부담하겠다는 주 정부도 있습니다.

　최소한 다른 나라들이 시행하고 있는 제도 이상의 인센티브를 제공할 준비를 하여야 할 것입니다.

외국기업 유치로 부국 실현

대표적인 나라로 아일랜드와 중국을 들 수 있습니다. 이들 모두 법인세를 다른 나라의 절반수준으로 인하하는 파격적인 유치책을 제시하였습니다.

아일랜드는 2022년 1인당 GDP가 10만달러를 넘습니다. 외국인 소유의 다국적 기업은 아일랜드의 상위 20개 기업 중 14개 기업을 차지하고 있으며, 민간 부문 노동력의 23%를 고용하고 징수된 법인세의 80%를 납부하고 있습니다. 아일랜드는 개방경제(경제자유지수 5위)로 고부가가치 외국인직접투자(FDI) 흐름 1위다. 세계 1인당 국내총생산(GDP) 순위에서 아일랜드는 IMF 186개 중 4위, 세계은행 187개 중 4위입니다.

중국이 G2로 성장한 배경에는 외국기업유치전략이라는 점에는 異論이 없습니다.

고용효과와 연계된 Incentives

 외국기업의 유치에 있어서는, 조세감면·전기·수도 요금 감면·사회기반시설 제공·공장부지 무상제공·공장건설 비용 지급 등 그야말로 다양한 인센티브를 주고, 서울 근무지 여건마련도 핵심 중의 하나입니다.

 그러나 약속한 대로 고용이 이루어지지 않으면 모두 이자를 붙여 회수하여야 합니다. 그리고 그들이 사업목적을 달성할 수 있도록 세심하게 보살펴 주어야 합니다. 자국기업만으로는 풍요롭게 살 수 없습니다. 선진 외국기업의 자국내 유치 없이는 기술발전도 요원합니다.

 아담 스미스가 "부자들은 자기 이익을 위하여 부를 축적했을지라도 보이지 않는 손에 이끌려 모든 사람에게 생활필수품을 분배한다." "부자들은 그들이 인지하기 전에 자연스럽게 사회의 이익이 증진되고, 인류 번식의 수단을 제공하는 것이다. 이와 같은 원리는 신의 섭리와 같다"이 말은 현재도 유효합니다. 많은 기업가를 배출하는 나라를 만들면 그 만큼 근로자도 부자가 됩니다. 현대차 생산직 1억5천만원(2011년) 신입사원 연봉 6500만원입니다. 그러나 쌍용차 직원은 현재 어떤가요? 힘든 회생의 길을 가고 있지 않습니까?

우리는 무엇으로 사는가

- 부국을 위한 기업만들기 -

발 행 일 : 2023년 2월
지 은 이 : 최선집
발 행 처 : 홍익문화인쇄사

주　　소 : 서울 중구 수표로23 104호
대표전화 : 02-2274-8110

ISBN : 979-11-979710-3-7 (03320)